主编：陈杰／常务主编：顾孟潮

世界建筑艺术邮票集萃
SELECTED STAMPS OF WORLD ARCHITECTURAL ART

Compiler-in-Chief : Chen Jie
Managing Compiler : Gu Mengchao

中国建筑工业出版社
China Architecture & Building Press

(京) 新登字 035 号

图书在版编目 (CIP) 数据

世界建筑艺术邮票集萃 ／陈杰·顾孟潮主编 .－北京：中国建筑工业出版社，1999
 ISBN 7-112-03722-0

Ⅰ.世… Ⅱ.陈… Ⅲ.建筑艺术－邮票－世界 Ⅳ.G894

中国版本图书馆 CIP 数据核字 (1999) 第 13425 号

责任编辑：白玉美
封面设计：蔡宏生
版式设计：蔡宏生　赵子宽　朱　筠

世界建筑艺术邮票集萃
SELECTED STAMPS OF WORLD ARCHITECTURAL ART
主编：陈杰／常务主编：顾孟潮
Compiler-in-Chief : Chen Jie / Managing Compiler : Gu Mengchao
﹡
中国建筑工业出版社 出版、发行（北京西郊百万庄）
新 华 书 店 经 销
北京广厦京港图文有限公司制作
恒美印务有限公司印刷厂印刷
开本：889×1194毫米　1/16　印张：13　字数：531千字
1999年7月第一版　1999年7月第一次印刷
印数：1—2,500册
定价：128.00元
ISBN 7-112-03722-0
　TU·2867 (9182)

版权所有　翻印必究
如有印装质量问题，可寄本社退换
(邮政编码100037)

献给
'99 世界建筑师大会
和
'99 万国邮联大会

Dedicated to the '99 Congress of the Union Internationale des Architectes and that of the Union Postale Universelle

目 录 CONTENTS

题词（吴良镛）
Inscription (by Wu Liangyong) 6
主编的话（陈杰）
Preface (by Chen Jie) 7
国际建筑师协会和历届世界建筑师大会及主题
The Union Internationale des Architectes, Its Previous Congresses and the Themes of These Congresses 10
历届世界建筑师大会会址邮票
Stamps of the Sites of the Previous Congresses of the Union Internationale des Architectes 11
万国邮政联盟及邮联历届大会简况
A Brief Introduction to the Union Postale Uneverselle and Its Previous Congresses 12
万国邮联历届大会会址邮票
Stamps of the Sites of the Previous Congresses of the Union Postale Uneverselle 13

1、亚洲 Asia
中国 China 2
中国香港 Hong Kong, China 14
中国澳门 Macau, China 16
中国台湾 Taiwan, China 17
蒙古 Mongolia 18
朝鲜 D.P.R. Korea 19
韩国 R.O. Korea 21
日本 Japan 22
越南 Viet Nam 25
柬埔寨 Kampuchea 26
泰国 Tailand 27
马来西亚 Malaysia 28
新加坡 Singapore 29
印度 India 30
斯里兰卡·尼泊尔 Sri Lanka and Nepal 31
巴基斯坦 Pakistan 32
伊朗 Iran 33
阿联酋·卡塔尔 United Arab Emirates and Qatar 34
叙利亚 Syria 35
黎巴嫩 Lebanon 36
约旦 Jordan 37
以色列 Israel 38
塞浦路斯 Cyprus 40
土耳其 Turkey 41

2、欧洲 Europe
丹麦·法罗 Danmark and Faeroe 44
挪威 Norway 45
瑞典 Sweden 46
芬兰 Finland 48
前苏联·俄罗斯 Former U.S.S.R. and Russia 49
波兰 Poland 56
捷克·斯洛伐克 Czechoslovakia 58
匈牙利 Hungary 62
德国 Germany 66
奥地利 Austria 73
列支敦士登 Liechtenstein 75
瑞士 Switzerland 76
荷兰 Netherlands 77
比利时 Belgium 78
卢森堡 Luxembourg 81
英国 United Kingdom 83
爱尔兰·直布罗陀 Ireland and Gibraltar 85
法国 France 86
摩纳哥 Monaco 92
西班牙 Spain 93
葡萄牙 Portugal 97
意大利 Italy 99
梵蒂冈 Vatican 104
圣马力诺 San Marino 106
马耳他 Malta 109
南斯拉夫 Yugoslavia 110
罗马尼亚·保加利亚 Romania and Bulgaria 112
阿尔巴尼亚 Albania 117
希腊 Greece 118

3、非洲 Africa
埃及 Egypt 120
利比亚·喀麦隆 Libya and Cameroon 122
阿尔及利亚 Algeria 123
摩洛哥·埃塞俄比亚 Morocco and Ethiopia 124

马里 Mali 125
加纳·几内亚 Ghana and Guinea 126
中非 Central Africa 127
肯尼亚 Kenya 128
坦桑尼亚 Tanzania 129
马达加斯加 Madagascar 130
津巴布韦 Zimbabwe 131
南非 South Africa 132

4、大洋洲 Oceania

奥大利亚·托克劳 Australia and Tokelau 134
新西兰 New Zealand 135
巴布亚新几内亚 Papua New Guinea 136
斐济 Fiji 137
萨摩亚 Samoa 138

5、美洲 America

加拿大 Canada 140
美国 United States 142
百慕大 Bermudas 144
墨西哥 Mexico 145
危地马拉 Guatemala 147
萨尔瓦多 El Salvador 148
洪都拉斯 Honduras 149
尼加拉瓜 Nicaragua 150
古巴 Cuba 151
开曼 Cayman Is. 153
安提瓜 Antigua 154
圣卢西亚·巴哈马 St. Lucia and Bahamas 155
特立尼达·多巴哥 Trinidad and Tobago 156
哥伦比亚 Colombia 157
委内瑞拉 Venezuela 158
苏里南·牙买加 Suriname and Jamaica 160
厄瓜多尔 Ecuador 161
巴西 Brazil 162
阿根廷 Argentina 164

6、邮票上的建筑师
Architects Represented in Stamps

建筑师学术组织·意大利建筑师
Academic Organizations of Architects and
Architects of Italy 166
意大利建筑师
Architects of Italy 167
意大利·梵蒂冈·匈牙利建筑师
Architects of Italy, Vatican and Hungary 168
德国建筑师
Architects of Germany 169
美国·爱尔兰·法国建筑师
Architects of U.S.A., Ireland and France 170
法国·摩纳哥·瑞士·荷兰·英国·捷克·斯洛伐克建筑师
Architects of France, Monaco,
Switzerland, Netherlands, Britain
and Czechoslovakia 171
芬兰·西班牙建筑师
Architects of Finland and Spain 172
奥地利·比利时建筑师
Architects of Austria and Belgium 173
前苏联·俄罗斯·澳大利亚·尼泊尔·土耳其·中国建筑师
Architects of former U.S.S.R., Russia,
Australia, Nepal, Turkey
and China 174

7、世界住房年 (1987)
International Year of Shelter For the Homeless (1987)
.... 175

8、欧罗巴 (1987)
Europa (1987) 179

9、欧洲建筑遗产保护年 (1975)
Year of the Protection of Architectural Heritage in Europe (1975) 185

10、联合国人类文化遗产保护
UNESCO-protected Mankind's Cultural Heritage Sites 189

编后记（顾孟潮）
Postscript (by Gu Mengchao) 192

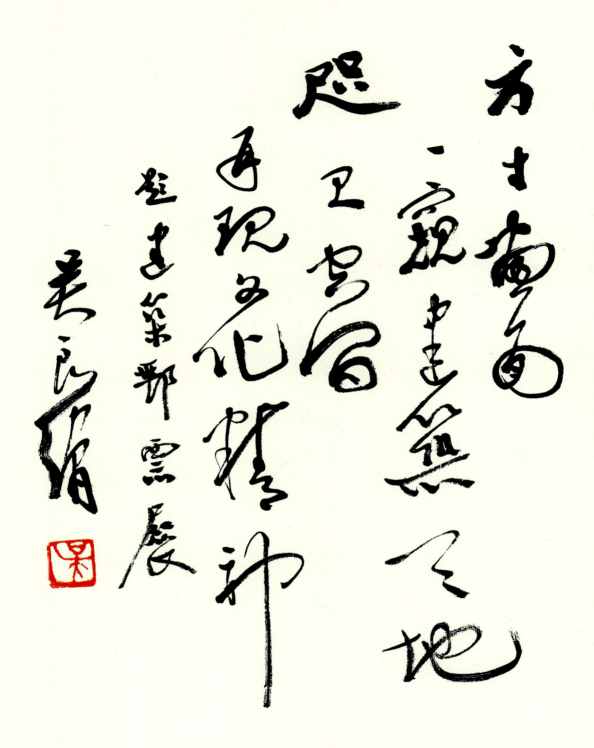

Inscription to the present book by Wu Liangyong
Vice-President of the Architectural Society of China
Tiny pictures reveal the architectural world;
Minute spaces represent cultural spirit.

中国建筑学会副理事长　　吴良镛　题词

主编的话

世纪之交的1999年,北京将迎来两个大型国际盛会:第20届世界建筑师大会和第22届万国邮联大会。值此盛会到来之际出版我的《世界建筑艺术邮票集萃》一书实属幸事。

令人高兴的是,这两个会都与我有缘:因为我的职业是从事建筑设计工作;而且,我从小就喜欢集邮,并且专集建筑邮票。应该说,数十年专题集邮的经历使自己对建筑史及世界著名建筑的认知不断丰富和加深。为此,近些年来有许多集邮同行及出版社编辑朋友促我将丰富的收藏整理出来,编撰成书。但是,我一直因为工作忙且自感条件不成熟而婉言谢绝。今天在多方面的鼓励下,在中国建筑工业出版社的大力支持下,我终于下决心将珍藏的邮品选优编纂成书,敬献给本世纪末即将在北京召开的两大国际盛会。这也是我和朋友们多年愿望的一次实践。

集邮,尤其是专题集邮虽可不受数量、时间、以至国界之限制、海阔天空、任凭翱翔,但我对个中的苦、辣、酸、甜、乐却感受颇深。既有风里来、雨里去的苦,又有讨价还价、下决心割爱的辣,兼有别人已有、自己还没有的酸,当然更有窗前灯下翻开集邮册自我欣赏的甜和亲朋好友相聚观赏、评价、赞不绝口的乐……。

我集邮源于60年代初期。当时,我的叔叔从海外回国参加祖国建设,随身除带了一箱箱的书籍及日常生活用品外,还有一个精美的小皮箱。他对这个小皮箱非常在意,不允许别人随便动。那时我还很小,对这个小皮箱非常好奇,有一天趁叔叔打开时,我便凑过去看了一眼。没想到就这一眼,竟然决定了我一生的追求和喜好。那一箱子里装得满满的都是些我从未见过的、花花绿绿的、各个国家的邮票,有十五六本之多。也正是从那以后,我便追随着叔叔逐渐走入了邮票世界。非常遗憾的是,那一箱邮票在"文革"中伴随着叔叔的坎坷经历,竟不知去向了。以后叔叔定居香港,为生存而拚搏,就无暇再专心集邮了。但他却一直关心着我的集邮情况,每每相见,总要询问和观赏我的藏品,看得出他为有我这样的一个"接班人"而欣慰。我呢,在经历了插队、返城、自学的过程之后,于1977年底考上大学,学的是工民建设计专业。随着祖国的改革开放、人民生活水平的提高,集邮的条件越来越好,这样一来我又可以继续集邮了,并立下恒心专集建筑邮票。一晃二十多年了,我常想,我们这代收藏爱好者,比起前辈要幸运得多,每个有丰富收藏的人,前提和基础都源于个人的持之以恒,来自国家一天天走向富强。

建筑作为艺术、美术、技术的综合体,所包括的范围甚广。建筑集邮不仅能使人饱览世界上各具风采的建筑造型,更使人了解到各国建筑邮票风格迥异的表达手法。作为一名建筑专题集邮爱好者,我正是通过对建筑文化内涵的孜孜以求,不断丰富进行再创造的视点。如果说,建筑邮票所体现的造型美、色彩美、真实美、意蕴美、技艺美等在建筑文化上的体现最为恰如其分的话,那么我的《世界建筑艺术邮票集萃》一书就是希望献给广大读者一幅幅颇具启发性意义的世界建筑文化经典"图说"。假如真能达到此目的,我将无比欣慰。

应该说,这次奉献给读者的集萃集,仅仅是我全部邮品多项专题中的一个方面,就是建筑也仅仅是一部分。限于时间及精力,本书肯定存在不足,望专家及同行指正。我想,假如以后再有机会且社会有需求的话,我愿在题材、邮品、文字说明及编排程序几方面多下功夫,奉献给社会更新、更全、更富史料及鉴赏性的全书。

最后,我要感谢中国建筑学会的顾孟潮先生,应中国建筑工业出版社之邀以他的多方造诣为本书编撰贡献颇大。特别表示敬意的是吴良镛先生,以他在建筑界的声望,百忙中拨冗为拙作题词,更为本书增色。我更要感谢我的家人和同事们,是他们对我的这一爱好给予了巨大的理解、关怀、支持和帮助,甚至在某些方面做出了牺牲,在此就不一一说明了。以上这些虽有许多未尽之处,但就算是主编的一点心语吧!

陈　杰

1998年10月16日于北京

PREFACE

In the year of 1999, the turning point to the new century, Beijing will welcome in two grand international meetings, the 20th Congress of the Union Internationale des Architectes and the 22rd Congress of the Union Postale Universelle. It is my happiness that my *Selected Stamps of World Architectural Art* will be published on the eve of the meetings.

I am glad to be destined to be concerned with the two congresses as I am an architectural designer by occupation and since childhood I have loved philately and collected exclusively architectural stamps. It can be said that the several decades of experience in monothematic philately have increasingly enriched and deepened my knowledge of the history of architecture and world famous buildings. For this reason, in recent years many of my philatelic fellows and my friends in editorial circles urged me to compile my plentiful collection into a book. But I declined because I was always busy at my professional work and felt myself not yet ready for that. Now, with encouragements from various directions and the energetic support of the China Architecture and Building Press, I have come to decide to select the most excellent stamps from my treatured collection and compile them into a book to dedicate the two grand international congresses to be held in Beijing at the end of this century. That is also an attempt at implementing the long wish of my friends and myself.

Philately, especially monothematic one, is boundless in number and time and even without the limitation of national boundaries—it is as vast as the sea and sky where you can freely swim and soar, but I have deeply experienced sorrows and joys in the affairs. There are the bitterness of being beaten by wind and rain, the hot potato of bargaining and parting reluctantly with what you treasure, the torments of jealousy when you find something absent in your collection appearing in others' and, of course, the sweets of enjoying by yourself your stamp-albums under a reading lamp and rejoicement when your intimate friends, getting together, appreciate, evaluate and praise your collection...

I began to collect stamps in the early 1960s, when I was very young but keen on colorful stamps. It happened that my uncle was a philately fan and had a plentiful collection of stamps, thus I followed him and gradually entered the stamp world. Unfortunately, in the "Cultural Revolution," this hobby and the like were all prohibited, and my philatelic activities were stopped. Later, after joining in agricultural production, returning back to the city and self-education, I entered a university in 1977 and majored industral and civil architectural design. With the implementation of reform and opening and the raise of the people's subsistence level, the conditions of philately were getting better and better, and I was able to continue my philatelic work and decided to persevere in collecting exclusively architectural stamps. More than 20 years passed in a flash. I often meditate that our generation of collectors are far happier than the older generation: every plentiful collection owes to the collector's perseverance and especially to his motherland's advance towards prosperity.

As a complex of art and technology, architecture covers a wide scope. Architectural philately not only affords the opportunity of drinking in the beauty and elegancy of various building forms in the world, but also brings the knowledge of the distinctive styles and techniques of expression of architectural stamps from different countries. As a philatelist of architectural subjects, I strive to reveal the connotation of architectural culture so as to enrich constantly my visual points for re-creation. If the plastic, coloring, natural, implying and technological beauty contained in architectural culture is most properly embodied in architectural stamps, then I can expect my *Selected Stamps of world Architectural Art* to provide the broad spectrum of reader an enlightening illustration of classic works in world architectural culture. If this aim is really achieved, I will be incomparably gratified.

Finally, I would like to express my appreciation to Prof. Gu Mengchao of the Architectural Society of China, who, with high attainments in many fields, made great contributions to the compilation of this book at the invitation of the China Architecture and Building Press. I wish to extend special respects to Prof. Wu Liangyong, a scholar of high prestige in architectural circles, who found time in the midst of pressing affairs to write an inscription to the book, shedding luster on my humble work. And I owe heartfelt gratitude to my family and colleagues, who have afforded my hobby cordial understanding, solicitude, support and help and even made sacrifices for it, about which I will not speak point by point. The above paragraphs serving as a stopgap for the compiler's preface all come from the bottom of my heart, though they have not given full expression to my minds.

Chen Jie

Beijing, October 16th , 1998

国际建筑师协会和历届世界建筑师大会及主题
The Union Internationale des Architectes, Its Previous Congresses and the Themes of These Congresses

国际建筑师协会

  国际建筑师协会（Union Internationale des Architectes；International of Architects 简称国际建协 UIA）1948年6月28日在瑞士洛桑成立。其宗旨是：团结全世界建筑师（而无论其国别、肤色、宗教或政治信仰、建筑训练或倾向如何）；在国际上代表建筑行业，使建筑和城市规划得到发展 确定建筑师的职能；增强空间概念；促进建筑教育的发展；建立职业规范；支持建筑师组织（尤其是发展中国家）保护建筑师的权利与地位；促进建筑师、研究人员及学生间的国际交流。1948年开始成立时有24个会员国，到1990年已发展到83个。

  中国建筑学会（Architectural Society of China）是中国建筑科学技术工作者的学术性群众团体，是中国科学技术协会（简称中国科协）的组成部分。该会于1955年7月参加国际建筑师协会，1989年10月参加亚洲建筑师协会，均为国家会员组织。

历届世界建筑师大会及主题

年份	届次	国家	城市	主题
1948年	首届	瑞士	洛桑	《面临新任务的建筑师》
1951年	二届	摩洛哥	拉巴特	《建筑师如何面对新的任务》
1953年	三届	葡萄牙	里斯本	《当前建筑师的状况》
1955年	四届	荷兰	海牙	《人居的三要素》
1958年	五届	苏联	莫斯科	《城市建设与恢复》
1961年	六届	英国	伦敦	《新技术与新材料》
1963年	七届	古巴	哈瓦那	《发展中国家的建筑师》
1965年	八届	法国	巴黎	《建筑师的培养》
1967年	九届	捷克	布拉格	《建筑与人类环境》
1969年	十届	阿根廷	布宜诺斯艾利斯	《建筑——社会要素、住屋——社会利益》
1972年	十一届	保加利亚	瓦尔纳	《建筑与休闲》
1975年	十二届	西班牙	马德里	《创造性：概念与技术》
1978年	十三届	墨西哥	墨西哥城	《建筑师与国家的发展》
1981年	十四届	波兰	华沙	《人、环境、建筑》
1985年	十五届	埃及	开罗	《建筑师现在与未来的使命》
1987年	十六届	英国	布赖顿	《住宅与城市：营造明天的世界》
1990年	十七届	加拿大	蒙特利尔	《文化与技术》
1993年	十八届	美国	芝加哥	《处在十字路口的建筑——为可持续发展的未来而设计》
1996年	十九届	西班牙	巴塞罗那	《现在与未来：城市中的建筑》
1999年	二十届	中国	北京	《21世纪建筑学》

历届世界建筑师大会会址邮票
Stamps of the Sites of the Previous Congresses of the Union Internationale des Architectes

1

2

3

4

5

6

7

8

9

10 · 11

12

13

14

15

16

17

18

19

1 6月23日在中国北京举行第20届世界建筑师大会会标　2 二十届　中国·北京　3 首届 1948年　瑞士·洛桑　4 二届 1951年　摩洛哥·拉巴特　5 三届 1953年　葡萄牙·里斯本　6 四届 1955年　荷兰·海牙　7 五届 1958年　前苏联·莫斯科　8 六届 1961年　十六届 1987年　英国·伦敦 布赖顿　9 七届 1963年古巴·哈瓦那　10 八届 1965年　法国·巴黎　11 九届 1967年　捷克·布拉格　12 十届 1969年　阿根廷·布宜诺斯艾利斯　13 十一届 1972年　保加利亚·瓦尔纳　14 十二届 1975年　十九届 1996年　西班牙·马德里 巴塞罗那　15 十三届 1978年　墨西哥·墨西哥城　16 十四届 1981年　波兰·华沙　17 十五届 1985年　埃及·开罗　18 十七届 1990年　加拿大·蒙特利尔　19 十八届 1993年　美国·芝加哥

万国邮政联盟及邮联历届大会简况
Brief Introduction to the Union Postale Uneverselle and Its Previous Congresses

万国邮政联盟

万国邮政联盟简称万国邮联（UPU）。1874年10月由德国等22个国家的代表，在瑞士伯尔尼集会，签定了第一个国际性的邮政公约，并成立了"邮政总联盟"。1878年5月，在巴黎举行第二次代表大会，修订了《伯尔尼条约》名为《万国邮政公约》，并将"邮政总联盟"改为"万国邮政联盟"。万国邮联的宗旨是：以邮联名义"组成一个邮政领域，以互相交换邮件"、"组织和改善国际邮政业务，并在邮政业务方面加强国际合作"，以及"在力所能及的范围内，参与会员国所要求给予的邮政技术援助"。中国于1914年3月1日加入万国邮联。1972年4月"万国邮联"通过决议承认中华人民共和国为该组织中唯一合法代表。

万国邮联历届大会简况

届次	地点（会期）	与会总人数	代表的国家	届次	地点（会期）	与会总人数	代表的国家
1	伯尔尼1874年（9月15日~10月9日）	42	22	12	巴黎1947年（5月7日~7月5日）	291	79
2	巴黎1878年（5月2日~6月4日）	63	37	13	布鲁塞尔1952年（5月14日~7月11日）	283	91
3	里斯本1885年（2月4日~3月21日）	84	48	14	渥太华1957年（8月14日~10月3日）	290	96
4	维也纳1891年（5月20日~7月4日）	99	49	15	维也纳1964年（5月29日~7月11日）	520	122
5	华盛顿1897年（5月5日~6月15日）	103	56	16	东京1969年（10月1日~11月14日）	523	133
6	罗马1906年（4月7日~5月26日）	133	63	17	洛桑1974年（5月22日~7月4日）	691	143
7	马德里1920年（10月1日~11月30日）	171	69	18	里约热内卢1979年（9月12日~10月26日）	824	143
8	斯德哥尔摩1924年（7月4日~8月28日）	182	78	19	汉堡1984年（6月18日~7月27日）	936	153
9	伦敦1929年（5月10日~6月28日）	179	85	20	华盛顿1989年（11月13日~12月14日）	1163	152
10	开罗1934年（2月1日~3月20日）	153	91	21	汉城1994年（8月22日~9月14日）	1137	174
11	布宜诺斯艾利斯1939年（4月1日~5月23日）	174	81	22	北京1999年		

万国邮联历届大会会址邮票
Stamps of the Sites of the Previous Congresses of the Union Postale Uneverselle

1

2

3

4

5

6

7

8

9

10

11

1 22届 1999年 中国·北京 2 首届 1874年 瑞士·伯尔尼 3 二届 1878年 十二届 1947年 法国·巴黎 4 三届 1885年 葡萄牙·里斯本 5 四届 1891年 十五届 1964年 奥地利·维也纳 6 五届 1897年 二十届 1989年 美国·华盛顿 7 六届 1906年 意大利·罗马 8 七届 1920年 西班牙·马德里 9 八届 1924年 瑞典·斯德哥尔摩 10 九届 1929年 英国·伦敦 11 十届 1934年 埃及·开罗

12

13

14

15

16

17

18

19

12 十一届 1939年 阿根廷·布宜诺斯艾利斯　13 十三届 1952年 比利时·布鲁塞尔　14 十四届 1957年 加拿大·渥太华　15 十六届 1969年 日本·东京　16 十七届 1974年 瑞士·洛桑　17 十八届 1979年 巴西·里约热内卢　18 十九届 1984年 德国·汉堡　19 二十一届 1994年 韩国·汉城

Asia
亚洲

1-1

1-2

1-3

1-4

2

3-1
3-2

3-3
3-4

教师节　1-1 孔子像　1-2 杏坛（孔子讲学处）　1-3 孔子墓　1-4 孔庙大成殿　2 1956.6.15 首都名胜·天坛　3 1997 天坛　3-1 祈年殿　3-2 皇穹宇　3-3 圜丘　3-4 斋宫

1

1 1956.6.15 首都名胜·太和殿　2 1985.10.10 故宫博物院建院60周年　2-1 午门　2-2 太和殿·中和殿·保和殿　2-3 乾清宫·交泰殿·坤宁宫　2-4 钦安殿·神武门　3 1956.6.15 首都名胜　3-1 颐和园　3-2 北海公园　3-3 天安门　3-4 太和殿　3-5 天坛

亚洲·中国 Asia·China

1
2
3

4
5

6
7-1
7-2

8
9

1 1952.3.15 和平解放西藏纪念·布达拉宫·西藏 2 1959.12.10 民族文化宫 3 1981.6.5 北京长话大楼 4 1974.10.15 中国商品出口交易会·广州交易会新楼 5 1961.4.5 北京工人体育馆·26届世界乒乓球锦标赛主赛场 6 1980.4.13 鉴真大师像回国巡展·扬州鉴真纪念堂 7 1979.11.26 国际档案周 7-1 中央档案馆 7-2 皇史宬 8 1988.9.2 建设成就·中央电视台 9 1989.8.10 建设成就·北京国际电信局

4

亚洲 · 中国 Asia · China

1-1

1-2

1-3

1-4

2-3

2-1

2-2

2-4

西安城墙·城楼 1-1 箭楼 1-2 瓮城 1-3 敌台 1-4 角台 2 1979.6.25 万里长城 2-1 长城之春 2-2 长城之夏 2-3 长城之秋 2-4 长城之冬

亚洲·中国 Asia·China

1 承德普宁寺 2 1991.8.2 承德避暑山庄 2-1 万壑松风 2-2 水榭环碧 2-3 青枫绿屿 3 1991.8.2 小型张·承德避暑山庄—澄湖叠翠 无暑清凉

1.25 杭州西湖　2 1989.11.25 杭州西湖　2-1 苏堤春晓　2-2 曲院风荷　2-3 三潭印月　2-4 断桥残雪　3 1962.5.15 中国古建筑·桥　3-1 安济桥·河北赵州　3-2 宝带桥·江
3-3 珠浦桥·四川灌县　3-4 程阳桥·贵州从江

亚洲·中国 Asia·China

1

2-1

2-2

2-3

2-4

2-5

2-6

3

4

1 龙门石窟　2 1997 中国五台山寺庙　2-1 台怀镇寺庙群　2-2 南禅寺大殿　2-3 佛光寺东大殿　2-4 显通寺庙群　2-5 菩萨顶　2-6 镇海寺　3 1995.8.30 少林寺建寺一千五百年
4 1991.7.20 恒山悬空古寺

亚洲·中国 Asia·China

1-1　　　　　1-2　　　　　1-3　　　　　1-4

2-1　　　　　2-2　　　　　2-3　　　　　2-4

3-1　　　　　　　　　　　　3-2

3-3　　　　　　　　　　　　3-4

1 1994.12.15 中国古塔　1-1 西安慈恩寺大雁塔　1-2 泉州开元寺镇国塔　1-3 杭州严化寺六合塔　1-4 开封祐国寺塔　2 1958.3.15 中国古塔建筑艺术　2-1 嵩岳寺塔·河南登封
2-2 千寻塔·云南大理崇圣寺　2-3 释迦塔·山西应县佛宫寺　2-4 飞虹塔·山西洪洞广胜寺　3 1980.10.25 苏州园林·留园　3-1 春到曲溪楼　3-2 远翠阁之夏　3-3 涵碧山房秋色
3-4 冠云峰晴雪

1 1987.10.30 中国历代名楼　2-1 黄鹤楼　2-2 岳阳楼　2-3 滕王阁　2-4 蓬莱阁　3 1984.6.30 苏州园林·拙政园　3-1 宜两亭前望倒影楼　3-2 枇杷园景物　3-3 小沧浪水院　3-4 远香堂与倚玉轩

1

2

3-1

3-2

3-3

3-4

4

5

1 天安门广场·人民英雄纪念碑·人民大会堂　2 1958.9.29 北京电报大楼落成纪念　3-1～3-2 1960.8.30 北京铁路车站　3-3～3-4 1960.10.1 人民大会堂　4 1961.8.1 中国人民革命军事博物馆　5 1977.9.9 毛主席纪念堂

1 1996 上海浦东陆家嘴金融贸易区
2 1995.5.1 第43届世界乒乓球锦标赛 天津体育馆
3 1998年 重庆市定为直辖市 3-1 重庆市人民大礼堂 3-2 重庆港

2-1　　　　　　2-2　　　　　　2-3　　　　　　2-4　　　　　　2-5　　　　　　2-6　　　　　　2-7

2-8　　　　　　2-9　　　　　　2-10　　　　　2-11　　　　　2-12　　　　　2-13　　　　　2-14

2-15　　　　　2-16　　　　　2-17　　　　　2-18　　　　　2-19　　　　　2-20　　　　　2-21

1 中国陕北民居·毛泽东同志故居　2 中国民居　2-1 内蒙民居　2-2 西藏民居　2-3 东北民居　2-4 满族民居　2-5 江苏民居　2-6 山东民居　2-7 北京民居　2-8 云南民居　2-9 上海民居　2-10 宁夏民居　2-11 安徽民居　2-12 陕北民居　2-13 四川民居　2-14 山西民居　2-15 台湾民居　2-16 福建民居　2-17 浙江民居　2-18 青海民居　2-19 贵州民居　2-20 江西民居　2-21 广西民居

1 1981.10.14 公共房屋　1-1 香港卫星城风光　1-2 公屋与水池　1-3 公屋与游乐场　1-4 公屋与交通　2 1997 现代建筑　2-1 香港会议展览中心　2-2 香港大球场　2-3 凌霄阁　2-4 青马大桥　3 1998 香港为未来建设　3-1 会议展览中心　3-2 中国银行　3-3 香港科技大学　3-4 文化中心　3-5 东区海底隧道　4 1997 香港回归纪念·香港夜景

亚洲·中国澳门 Asia·Macau, China

1 澳门议会大厦前的广场　2 1995.6.24 议会大厦前的广场　2-1 街道·钟楼　2-2 街道·广场·商店　2-3 喷泉·广场　2-4 广场　3 1992.10.9 建筑物　3-1～3-4 澳门庙宇　4 1982.6.10 建筑与纪念碑　4-1 卫生局　4-2 东望洋灯塔　4-3 南关闸　4-4 贾梅士（卡蒙斯）博物馆　4-5 助学会大楼

1-1

1-2

1-3

1-4

2-1

2-2

2-3

3-1

3-2

3-3

3-4

4-1

4-2

4-3

4-4

1 1974.3.22 台湾风景 1-1 太鲁阁 1-2 东海大学教堂 1-3 日月潭慈恩塔 1-4 基隆观音佛 2-1 孙中山纪念馆 2-2 澄清湖得月楼 2-3 澎湖跨海大桥 3 1995.1.10 传统建筑 3-1 马背 3-2 燕尾 3-3 辟邪物 3-4 筒瓦 4 1997.4.9 传统建筑 4-1 门扇 4-2 壁瓦 4-3 砖雕 4-4 龙柱

1-1

1-2

1-3

1-4

1-5

2-1

2-2

2-3

2-4

3-1

3-2

3-3

3-4

3-5

1 1961.4.30 蒙古人民革命40周年·蒙古现代化　1-1 友谊桥　1-2 百货商店　1-3 政府大楼　1-4 少年宫　1-5 新老建筑　2 1986.10.1 额尔德尼昭寺　2-1 拉布楞庙　2-2 蓝庙　2-3 官布喇嘛庙　2-4 嘎拉昭庙　3 1974.10.15 蒙古古代建筑艺术　3-1 佛寺门前的石狮　3-2 博格多汗宫前景　3-3 博格多汗宫前景　3-4 蒙古包　3-5 博格多汗宫内鼓亭

73.12.1 平壤新建筑　1-1 金日成综合大学科学图书馆　1-2 金日成综合大学第二号宿舍　1-3 祖国解放战胜利纪念馆　1-4 平壤人民文化宫　1-5 平壤体育馆　2 1993 平壤市容　光复大街　2-2 千里马大街　2-3 文绣江岸大街　2-4 牡丹峰大街　2-5 统一大街　3 仓光大街

亚洲·朝鲜 Asia·D.P.R. Korea

1 1963.9.13 李朝城门建筑　1-1 南大门·开城·1394年建　1-2 大同门·平壤·1635年建　1-3 普通门·平壤·1473年建　2 1975.11.20 文化遗产·平壤古城门　2-1 玄武门　2-2 大同门　2-3 普通门　2-4 重光门　2-5 七星门　3 1987.6.18 清川运动村　3-1 各项运动·奥运五环　3-2 室内游泳馆　3-3 举重馆　3-4 乒乓球馆　3-5 主体育场　3-6 手球馆　4 1969.5.1 国际劳动节　4-1 平壤千里马运动纪念·千里马铜像　4-2 1968.12.30 平壤大剧场

亚洲·韩国 Asia·R.O.Korea

1 1997.9.12 纪念朝鲜文化遗产列入世界文化遗产名录 1-1 庆州石窟庵 1-2 庆州佛国寺 2 1988.5.6 第24届奥运会·汉城国家奥林匹克中心 3 1986.9.20 第10届亚运会·汉城国家奥林匹克中心 4 1995.7.18 门系列 4-1 贺喜村官邸高柱大门 4-2 梵语寺日月门 4-3 昌德宫主合楼御寿门 4-4 昌德宫不老门

1-1　　　　　　　　　1-2

1　1974.1.26　昭和天皇大婚50年　1-1　二重橋　1-2　宮殿　2　1977.1.20　第二次国宝・奈良唐招提寺金堂　3　1967.11.1～1969　第一次国宝・法隆寺金堂五重塔・607年建・明治再建
4　1976.12.9　第二次国宝・药师寺东塔　5　1977.11.16　清水寺本堂　6　1978.3.3　第二次国宝・日光东照阳明门　7　1987.7.17　犬山城　嘹望楼　8　1977.8.25　第二次国宝・松本城天守阁
9　1952.5　平等院凤凰堂

1-1

1-2

1-3

1-4

2-1 2-2
2-3 2-4

4-1

4-2

4-3

4-4

4-5

3-1   3-2

1964 第18届奥运会 1-1 国立运动场 1-2 日本武道馆 1-3 代代木体育馆 1-4 驹洋体育馆 2 1988.4.8 濑户大桥开通 2-1～2-2 从香山县看大桥 2-3～2-4 从冈山县看大桥 3 1985.3.16 筑波国际科学技术博览会 3-1 主题馆 3-2 展览厅 4 日本现代建筑 4-1 东京国际展览中心 4-2 东京电信中心 4-3 东京虹桥 4-4 东京国际坛 4-5 江户东京博物馆

1-1

1-2

1-3

1-4

1-5

1-6

1-7

1-8

2-1

2-2

2-3

2-4

2-5

2-6

2-7

2-8

1 日本民居   1-1 木幡家住宅   1-2 上芳我家住宅   1-3 神尾家住宅   1-4 中村家住宅   1-5 马场家住宅   1-6 旧涉谷家住宅   1-7 中家住宅   1-8 富次家住宅   2 1981.8.22 近代西洋风格建筑   2-1 大浦天主堂   2-2 表庆馆   2-3 丰平馆   2-4 大阪樱宫公会堂门廊   2-5 旧学习院初等科正堂   2-6 旧日本银行京都支店   2-7 圣约翰教堂   2-8 北海道厅厅本部

1

2

3-1

3-2

4-1

4-2

4-3

4-4

4-5

4-6

5-1

5-2

5-3

5-4

1 1956 政府邮政大楼 2 1951.8.16 风景·保大皇帝的顺化皇宫 3 1958～1959 建筑物 3-1 顺化大教堂 3-2 西贡独立宫 4 1968.11.5 古代寺院 4-1 文庙（孔庙）望楼·河内·1070年建 4-2 库奥寺钟楼·17世纪 4-3 泰顶蓬顶式桥 4-4 独柱寺·河内·1049年建 4-5 宁福寺三观门 4-6 西方寺·3世纪初 5 1990.2.20 顺化古建筑 5-1 雄剑寺 5-2 贤农门市部 5-3 玉曼楼 5-4 天姥寺塔

1

2-1

2-2

3-1

3-2

2-3

3-3

3-4

2-4

4-1

4-2

4-3

2-5

1 1992 环境保护·吴哥古迹 2 1966.2.1 吴哥古迹 2-1 波列昂通寺 2-2 巴肯寺 2-3 女王宫 2-4 吴哥窟 2-5 巴戎寺 3 1970.4.29 寺院 3-1 德普蒂大拉姆寺 3-2 马尼拉塔纳拉姆寺 3-3 巴图玛蒂寺 3-4 安纳罗姆寺 4-1～4-3 1992.2.5 高棉文化（宗教建筑）

1-1

1-2

1-3

1-4

2-1

2-2

2-3

2-4

3

4

5

1 1996.12.5 泰国皇室各朝代建筑 1-1 希瓦拉雅殿是哇来銮座 1-2 节基皇朝銮座 1-3 玛希拉銮座 1-4 律实銮座 2 1982.8.4 曼谷国际邮展 2-1 曼谷母汪佛寺 2-2 越菩萨寺 2-3 哇拉兰沙立佛寺 2-4 曼谷玉佛寺 3 1988.3.10 暹罗学会社84周年・会社会址 4 1982.10.24 联合国日・曼谷普拉萨特塔楼・徽志 5 1992.8.12 诗丽吉医院开业

1 1991.11.7 历史建筑 1-1 丁加奴王宫（北部） 1-2 柔佛王宫（南端） 1-3 雪兰莪王宫（柔佛州西北） 1-4 吉兰丹王宫（北部） 2 1971.9.13 第17届英联邦议会会议 2-1 吉隆坡议会大厦鸟瞰 2-2 大厦远景 3 1972.2.1 吉隆坡市容 3-1 秘书处大厦全景 3-2 秘书处大厦夜景 4 1975.9.22 《可兰经》诵读比赛 4-1 霹雳州瓜拉江沙的乌布迪亚清真寺 4-2 查希尔清真寺·吉打州·亚罗士打 4-3 国家清真寺·吉隆坡 4-4 苏丹阿布·巴卡尔清真寺·柔佛州·新山 4-5 古晋清真寺·沙劳越州

1 1991.1.23 国家古迹 1-1 香山西庙 (1912) 1-2 阿不杜·加弗清真寺 (1910) 1-3 圣·皮鲁玛庙 (1961) 1-4 圣·安德鲁斯大教堂 (1863) 2 1984.6.7 国家古迹 2-1 陈旭年大厦 (1885) 2-2 同济医院旧址 (1892) 2-3 直落亚逸巴刹市场 (1825) 2-4 约哥德卡清真寺 (1830) 3 1978.8.9 国家古迹 3-1 天福宫 (妈祖庙) 3-2 哈惹花蒂玛清真寺 3-3 亚美尼亚耶稣教堂

1

3-1 3-2
3-3 3-4

4-1   4-2   4-3   4-4

5-1   5-2   5-3   5-4

5-5   5-6   5-7

1 1975.1.26 印度共和国25周年·国会大厦·新德里 2 1975.9.4 阿希莉亚芭伊·霍尔卡·马赫什瓦尔墓地 3 1987.10.17 '89 印度国际邮展 3-1 铁门·库瓦特乌尔·伊斯兰清真寺·庭院·5世纪·德里 3-2 印度门·新德里·路易登斯战争纪念碑·1921 3-3 奥地恩省的德瓦·依·卡斯厅·红色堡垒·德里·1648 3-4 普兰那·奥艾拉·老堡垒·德里·1540 4 1984.8.3 印度城堡 4-1 瓜利奥尔 4-2 韦洛尔 4-3 汤姆哈加德 4-4 乔德普尔 1935·乔治五世登基25周年 5-1 孟买印度门 (纪念乔治五世1911年访印在此登陆) 5-2 加尔各答维多利亚博物馆 5-3 马德拉斯雷斯瓦兰寺 5-4 加尔各答贾因寺 5-5 亚格拉泰姬陵 5-6 阿姆利则金庙 5-7 曼德勒塔

亚洲·斯里兰卡·尼泊尔 Asia·Sri Lanka and Nepal

1-1

1-2

1-3

2-1

2-2

2-3

2-4

4-1

4-2

2-5

2-6

3

5

6

1 1947.11.25 制宪纪念 1-1 科伦坡锡兰议会楼 1-2 康提佛牙寺 1-3 阿努拉达普拉的金塔 2 1980.8.25 联合国教科文组织在斯里兰卡的文物保护 2-1 波隆纳鲁沃（古城）的吉里昆河罗塔 2-2 丹布勒洞寺 2-3 康提的阿拉哈那庇里文那窟 2-4 古城阿努拉达古拉阿巴耶祇利寺 2-5 祇陀林佛塔 2-6 锡吉里耶（古城）的狮子岩 3 1974.9.6 英联邦议会会议20周年·班达拉奈克国际会议中心（中国援建） 4 1975.2.24 比兰德拉国王加冕盛典（尼泊尔） 4-1 古赫·什瓦里庙·加德满都 4-2 纳拉杨希希宫（新王宫）·加德满都 5 1989.3.3 博克拉宾达亚巴希尼庙（尼泊尔） 6 1982.6.23 皇家文学院25周年（尼泊尔）·皇家文学院大楼

1

2

3

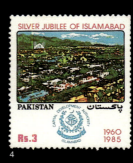

4

5

6

7

8

9-1

9-2

9-3

9-4

1 1976.2.29 联合国教科文组织保护莫亨朱达罗运动·莫亨朱达罗遗址全貌·UNESCO徽志　2 1987.3.23 伊斯兰堡新议会大厦　3 1976.3.3·国际穆罕默德学说会议·麦地那先知寺内的尖塔和穆罕默德圣陵　4 1985.11.30 伊斯兰堡定为首都25周年·市景·首都发展管理局徽志　5 1973.7.1 巴基斯坦国家银行25周年·银行大楼·徽志　6 1980.10.23 首次授予阿卡汗建筑奖·拉合尔沙利玛尔花园　7 阿卡汗大学　8 1961~1963 新币制普通邮票·开伯尔隘口　9 1963.9.16 古迹　9-1 巴哈瓦尔普的佛寺遗址·东巴　9-2 莫亨朱达罗遗址·西巴　9-3 塔克西拉遗址·西巴　9-4 迈纳马蒂·东巴

1-1
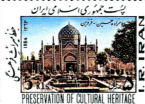
1-2

1-3

1-4

1-5

2-1

2-2

2-3

2-4

3

4-1

4-2

4-3

4-4

1 1984.8.20 · 文化遗产　1-1 恰高·占比尔遗址（古国）　1-2 扎德——侯赛因清真寺　1-3 霍梅尼清真寺　1-4 阿克要塞　1-5 丹尼尔——那比王陵　2 1998.5.7 文化遗产　2-1 赛菲达里　2-2 阿拉哈伯祖尔格　2-3 马希德马特哈里　2-4 塔利汗赫清真寺　3 1986.6.30 伊玛姆礼扎诞辰纪念·清真寺　4 1986.8.20 文化遗产　4-1 巴姆城堡　4-2 蓝色清真寺·大不里士　4-3 索赫尔·本——阿里清真寺·阿斯坦内　4-4 苏尔坦尼清真寺

1-1

1-2

2

3

4-1

4-2

5-1

4-3

4-4

5-2

6-1

6-2

6-3

6-4

1 清真寺 1-1 富查伊拉清真寺 1-2 阿治曼清真寺 2 1989.4.21 沙迦国际机场 3 1993.1.28 高尔夫和快艇俱乐部·迪拜 4 1973.1.1 国旗·国徽和观光圣地 4-1 迪拜的钟楼 4-2 布特纳堡·高查拉伊 4-3 阿尔法拉伊堡·乌姆盖万 4-4 阿治曼的政府宫 5 1991.6.18 清真寺 5-1 哈伊马角清真寺 5-2 沙迦清真寺 6-1~6-4 卡塔尔古城堡建筑

亚洲·叙利亚 Asia·Syria

1

2

3

4-1

4-2

4-3

4-4

5-1

5-2

5-3

5-4

5-5

6-1

6-2

6-3

6-4

6-5

1 1930.9～1936 叙利亚风光·霍姆斯大清真寺·8世纪　2 1969.1.20 大马士革国际机场落成·国际机场俯瞰　3 1961.12.11 叙利亚古迹·拉塔基亚罗马凯旋门　4 1963 大马士革建筑　4-1 庆扎兹铁路车站　4-2 穆萨特医院　4-3 中央银行　4-4 贾拉林荫路邮局　5 1968.10.10 寺院建筑　5-1 圣西门高柱苦行僧修道院　5-2 埃尔塔克清真寺·大马士革　5-3 巴尔米拉圆柱　5-4 圣保罗教堂　5-5 布斯拉罗马大剧场·2世纪　6 1969.1.20 叙利亚古迹　6-1 巴尔米拉贝勒神庙·2世纪　6-2 倭马亚大清真寺·704年·大马士革　6-3 巴尔米拉竞技场·古罗马时代　6-4 伊卜·瓦立德清真寺·霍姆斯　6-5 圣西门堡遗址

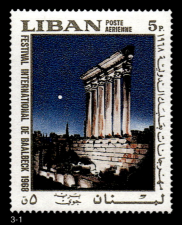  

1 1973.6.1-8.1 老式房屋 1-1 老式房阳台 1-2 老式房三拱门 1-3 老式房与花坛 1-4 18世纪建筑物 2 1968.3.20 提尔遗址 2-1 罗马人头像 2-2 柱廊·巴尔庙 2-3 罗马式凯旋门 2-4 宴饮浮雕 3 1968.9.25 第13届国际巴尔贝克节 3-1 丘比特神庙 3-2 巴卡斯神庙柱廊 3-3 巴卡斯神庙大门 3-4 丘比特神庙屋檐·装饰狮子 3-5 巴卡斯神庙内的装饰

亚洲·约旦 Asia·Jordan

1

2-1

2-2

2-3

3-1

3-2

3-3

3-4

3-5

4-1

4-2

5

6

1 1962.12.11 安曼市电话自动化·电话拨盘与电话大楼 2 1974.11.25 宫殿遗址 2-1 阿姆拉宫 2-2 巴拉斯西厢宫殿 2-3 卡让内赫宫殿 3 1982.12.29 杰拉什古迹遗址 3-1 广场柱廊 3-2 凯旋门 3-3 阿尔台密斯神庙 3-4 露天剧场 3-5 竞技场 4 1988.8.11 约旦历史胜地 4-1 乌姻·拉萨斯的古塔 4-2 乌姻·奎斯的拜占庭教堂的石柱 4-3 伊拉克阿米尔的夸斯尔古迹 5 1989 国际议会联盟100周年·安曼议会大会 6 1989.10.12 阿卜杜拉·侯赛因国王清真寺落成

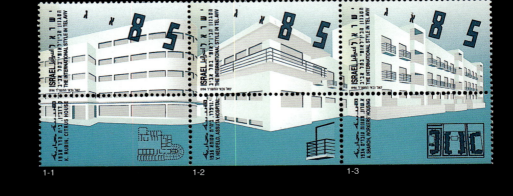

1-1 1-2 1-3

2-1

2-2

2-3

3-1

3-2

3-3

4-1

4-2

4-3

1 1985 国际风格的建筑 1-1 K. RUBIN·柠檬住宅 1-2 医院 1-3 工人住宅 2 1987.9.10 犹太教堂（模型） 2-1 阿尔宁斯基教堂·布拉格·13世纪 2-2 阿勒颇教堂·叙利亚·9世纪 2-3 弗罗伦斯教堂·意大利·19世纪 3 1975.3.4 以色列现代建筑 3-1 希姆来大学·内古登斯堡拉比犹太教堂·耶路撒冷 3-2 亚德一莫尔德谢布兹博物馆 3-3 巴雅的市政厅 4 1974.8.6 以色列现代建筑 4-1 阿马拉·戴维夫技术中心·特拉维夫 4-2 特拉维夫大学图书馆 4-3 米夫塔西姆休养所·雅克夫

1-1　　　　　1-2　　　　　1-3　　　　　1-4

2-1　　　　　2-2　　　　　2-3

2-4　　　　　2-5　　　　　2-6

1　1971.4.13　建国23周年·耶路撒冷的门　1-1 雅法门　1-2 新门　1-3 大马士革门　1-4 赫尔德门　2-1～2-6 1973.3.26～8.21 哈达萨医院·耶路撒冷·犹太会堂的玻璃窗镶嵌画—12部族

1-1

1-2

1-3

1-4

2-1

2-2

2-3

3-1
3-2

4-1

4-2

4-3

1 1973.7.23 传统建筑　1-1 大主教宝邸·尼可西亚　1-2 科纳克住宅·尼可西亚·18世纪　1-3 古利的住宅·1850　1-4 科佐卡帕索住宅·1772　2 1978.4.24 欧罗巴·著名建筑　2-1 查伊索尔赫格提萨修道院　2-2 利洛斯城堡　2-3 帕福斯市图书馆　3 1990.5.10 欧罗巴·邮政建筑　3-1 帕福斯邮局　3-2 利马索尔市中心邮局　4 1983.12.12 圣诞节　4-1 圣拉萨罗斯教堂钟楼·拉纳尔　4-2 圣瓦尔瓦拉教堂钟楼·尼可西亚　4-3 圣境尼斯教堂·拉纳卡

1

2-1

2-2

3

4-1

4-2

1 1957.10.18 土耳其伊斯坦布尔市苏里曼尼耶大清真寺400周年　2 1988.11.3 国家宫殿　2-1 马斯勒克皇家宅邸　2-2 伊尔迪兹售货楼　3 1970.2.20 博斯普鲁斯海峡大桥奠基·大桥远景

1-1

1-2

1-3

1-4

1-5

土耳其式住宅 1-1 博斯普鲁斯住宅·1699 1-2 伊兹米特住宅·1774 1-3 库拉住宅·18世纪 1-4 米拉斯住宅·18～19世纪 1-5 沙夫让勃鲁住宅

E^2urope
欧洲

1-1 1-3
1-3 1-4

2-1　　　　　2-2　　　　　　　　3-1　　　　　3-2

4　　　　　　　　　　　　　　　6

7-1

5-1　　　　　5-2　　　　　　　　7-2　　　　　7-3

1 1994.3.17 宫殿　1-1 马赛利斯堡宫　1-2 阿梅林堡宫　1-3 法雷登斯堡宫　1-4 格拉斯坦宫　2 1983.3.24 北欧合作　2-1 埃格斯科夫城堡·地图　2-2 特罗尔教堂墓室·地图
3 1978.5.11 欧罗巴　3-1 琼斯·巴恩宅第·阿尔堡　3-2 腓特烈堡城堡建筑正立面　4 1936.8.10 宗教改革400周年·仑佐拉教堂·哥本哈根·11世纪　5 1978.12.7 国家图书馆建馆150
周年（法罗）　5-1 初创时托尔斯港图书馆·1928　5-2 新图书馆·1978　6 1989.2.6 托尔斯港教堂200周年（法罗）·托尔斯港教堂全景　7 1944 丹麦教堂　7-1 西兰岛爱琪比教堂·11世纪
7-2 博尔霍姆岛的奥斯特拉塞教堂·11世纪　7-3 摩尔斯岛的赫维勃杰教堂

欧洲·挪威 Europe·Norway

1-1~1-2 1993.11.27 圣诞节·小教堂 2 1978.5.2 欧罗巴·名胜古迹 2-1 希达尔木板教堂·1250·泰勒马克 2-2 奥尔内斯木板教堂·12世纪末·松恩湾 3 1978.4.12 风光 3-1 庄园·1650·南特伦格拉格郡 3-2 特罗迪斯教堂·13世纪·哈尔斯塔 3-3 哈马尔大教堂·12世纪 4 1977.2.24 风光 4-1 奥斯陆附近的亚克赫斯城堡·哈康5世（1270-1329）建 4-2 阿森夫峡湾的斯坦维绍摩堡垒·主教恩格布克逊1520年建 5 1981.2.26 建筑 5-1 斯塔万格的教堂·13世纪 5-2 西梅大厦·1926·奥尔根 6 1982.2.16 风光建筑 6-1 海员宫·斯塔韦恩 6-2 灯塔·阿伦达·1977 6-3 多夫勒的房屋·16~17世纪 6-4 奥斯卡斯大厦·1847·奥斯陆峡湾 7 1983.2.16 风光建筑 7-1 城堡·1847·特罗姆斯达尔 7-2 惠达尔斯特的布雷兰斯洛夫特堤壤·房屋·1785 7-3 达姆斯加德住宅·1770·拉克瑟沃格 7-4 塞尔耶岛修道院·1655 7-5 林德斯奈斯的灯塔·1983

欧洲·瑞典 Europe·Sweden

1-1
1-2
1-3 1-4
1-5 1-6

2-1
2-2
2-3 2-4
2-5 2-6

3

4-1   4-2   5-1   5-2

1 1997.1.2 老教堂 1-1 达尔比的教堂 1-2 文达尔的教堂 1-3 海格比的教堂 1-4 奥弗托奈的教堂 1-5 瓦恩海姆的教堂 1-6 奥斯塔·阿特维克的教堂 2 1996.4.19 历史建筑 2-1 海尔辛兰德的火车站兼邮局 2-2 莫塔拉的人民会堂 2-3 斯玛兰的教区仓库 2-4 瓦斯特勃坦的谷仓 2-5 高特兰的羊圈 2-6 里德考平的参议会老楼 3 1941.7.14 斯德哥尔摩皇宫 4 1978.4.11 欧罗巴 4-1 艾莱博格城堡 4-2 城堡大门 5 1970.8.28 著名建筑 5-1 格里明格南城堡·15世纪·斯卡纳省 5-2 中国宫·1753·斯德哥尔摩·罗特宁霍尔姆公园

1 1980.6.4 旅游胜地·赫尔辛基 1-1 田皮的农场 1-2 伊格森的铁工厂 1-3 福萨的山坡 1-4 阿福塔的农场 1-5 桑兹运河 2 1995.3.17 住宅 2-1 村会 2-2 士兵圆木住宅 2-3 农场住宅 2-4 木制农场住宅 2-5 庄园住宅 3 1991.8.27 普通邮票·斯特罗姆肖尔姆宫 4 1992.5.21 普通邮票·卡尔堡宫 5 1991.3.21 王室新家·德罗特宁霍尔姆宫 6 1990.8 奥维斯克洛斯特宫

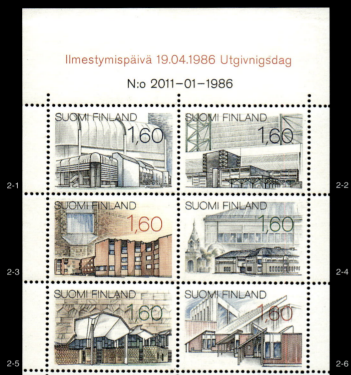

1 1978.5.12 欧罗巴·著名建筑 1-1 肺结核疗养院·培妙香·1933（阿尔瓦·阿尔托设计） 1-2 维特拉斯克美术工场·1902 2 1986.4.19 国家建设年 2-1 芬兰援建的伊拉克巴格达国际会议宫·1982 2-2 拉赫蒂城剧场·1983 2-3 库萨莫市政府大楼·1978 2-4 哈米纳警察局及法院大楼·1983 2-5 印度新德里芬兰大使馆·1986 2-6 赛屈莱的白昼托儿中心·1980 3 1971.10.30 建筑·赫尔辛基火车站（1910～1914），艾尔·沙里宁（1873～1950）设计 4 1979.10.25 农村民居 4-1 拉皮加尔维的考皮房屋 4-2 塔梅拉的叙加拉房屋 4-3 同 4-2 4-4 瓦尔蒂莫的穆尔托瓦房屋 4-5 拉普阿的安提拉房屋 4-6 上海尔迈的草料棚 4-7 卡尔沃拉的卡那加维房屋的院门 4-8 考哈约基的哈乌塞尔加房屋的主门 4-9 库奥尔塔内的马奇一拉辛波拉的房屋及钟楼 4-10 库奥尔塔内的拉苏拉粮仓

欧洲・前苏联・俄罗斯 Europe・Former U. S. S. R. and Russia

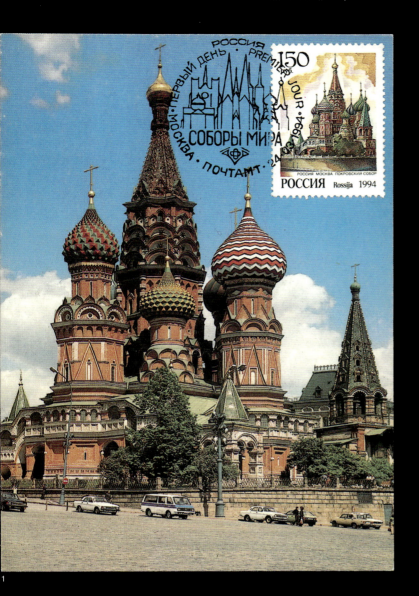

1

2

3

4

5

6

7-1

7-2

7-3

7-4

7-5

7-6

7-7

7-8

1 1994 俄罗斯・莫斯科的瓦西里・柏拉仁诺大教堂　2 1913.1.1 莫斯科克里姆林宫　3 1941.5 斯巴斯克钟楼　4 1967 莫斯科无名战士纪念碑　5 1941.5 大克里姆林宫　6 1962.10.26 列宁墓　7 1950.12.12 莫斯科的建筑　7-1 国立莫斯科大学・列宁山　7-2 32层行政管理大楼・扎里亚宾　7-3 办公与住宅大楼・莱蒙托夫广场　7-4 列宁格勒饭店・共青团广场　7-5 乌克兰饭店・谢уаpцкオリン河大街　7-6 办公大厦・斯摩棱斯克广场　7-7 住宅楼・科特利尼奇滨河大街　7-8 住宅楼・起义广场

1-1

1-2

1-3

2

3-1

3-2

3-3

4

3-4

3-5

5-1

5-2

5-3

5-4

5-5

6

7

1 1963.11.14 乌兹别克的撒马尔汗古建筑 1-1 古尔-埃米尔陵·15世纪 1-2 沙希辛德建筑群·14~15世纪 1-3 雷吉斯坦广场古建筑群15~17世纪（3所伊斯兰经学校） 2 1974.1.16 经互会25周年·经互会大厦 3 1937.6.16 莫斯科新建筑 3-1 马雅可夫斯基广场剧院 3-2 塔斯社大楼 3-3 苏军中央剧院 3-4 莫斯科饭店 3-5 苏维埃宫（全苏第一次建筑师会议） 4 1960 莫斯科电视塔 5 1967.12.15 莫斯科克里姆林建筑古迹 5-1 兵器陈列馆、警备要塞、圣三位一体塔楼 5-2 康斯坦丁诺耶宁宁塔楼 5-3 伊凡大帝钟楼 5-4 库塔夫和特罗耶茨塔 5-5 圣母领报大教堂 6 1955.5.9 国立莫斯科大学建校200周年（1755~1955） 7 苏联国立大剧院建院175周年

欧洲·前苏联·俄罗斯 Europe · Former U. S. S. R. and Russia

1-1

1-2

1-3

1-4

1-5

1-6

1-7

2-1

2-2

2-3

2-4

2-5

2-6

3-1

3-2

3-3

3-4

1 1950.7.30 莫斯科地铁环线开通 1-1 文化公园站 1-2 十月站 1-3 塔甘站 1-4 塔甘站 1-5 文化公园站 1-6 帕维茨基站 1-7 库尔斯克站 2 1947.9 莫斯科地铁 2-1 电厂站 2-2 伊斯梅洛夫站 2-3 索科尔站 2-4 谢苗诺夫站 2-5 基辅站 2-6 马雅可夫基站 3 1965.11.30 莫斯科·列宁格勒·基辅地铁站舍 3-1 莫斯科"十月革命"站 3-2 列宁格勒"莫斯科门"站 3-3 莫斯科"列宁大街"站 3-4 基辅"布尔什维克"工厂站

1-1

1-2

1-3

1-4

1-5

2-1

2-2

2-3

2-4

2-5

2-6

2-7

2-8

3-1

3-2

3-3

1 1989.11.20 建筑古迹 1-1 莫斯科·柏拉仁诺大教堂·16世纪 1-2 列宁格勒·彼得保罗大教堂·18世纪 1-3 基辅·索菲亚大教堂·11~18世纪 1-4 哈萨克斯坦·阿赫木特·亚萨维陵墓·14~15世纪 1-5 撒马尔罕·黑兹尔清真寺·19世纪 2 1990.8.1 历史古迹 2-1 索菲亚大教堂·白俄罗斯·11世纪 2-2 巴拉塔什维里纪念碑·格鲁吉亚 2-3 希凡万宫·阿塞拜疆 2-4 钟楼和大教堂·立陶宛 2-5 斯提芬3世大公纪念碑 2-6 恩沙纳主教堂·亚美尼亚 2-7 圣彼得大教堂·拉脱维亚 2-8 尼古拉大教堂·爱沙尼亚 3 1991.3.5 建筑古迹 3-1 塔普哈坦-巴布清真寺·11世纪·土库曼 3-2 乌兹根宣礼塔·11世纪·吉尔吉斯 3-3 巴沙陵墓园圆顶正门·14世纪·塔吉克

1-1

1-2

1-3

1-4

1-5

1-6

1-7

1-8

1-9

1-10

1-11

1-12

1-13

1 1947.9.12 莫斯科800周年 1-1 高尔基大街 1-2 普希金广场 1-3 古代莫斯科 1-4 大克里姆林宫 1-5 克里木桥 1-6 喀山车站 1-7 基辅车站 1-8 中央电报大楼 1-9 克里姆林宫全景 1-10 卡卢日大街 1-11 克里姆林宫堤岸 1-12 莫斯科桥 1-13 苏联部长会议大厦和莫斯科饭店 1-14 柏拉仁诺教堂（略） 1-15 克里姆林宫别克列米舍夫塔楼（略）

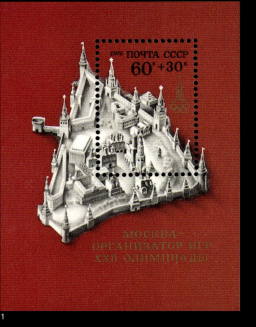

1 1976.12.28 17 世纪的克里姆林宫模型   2 1939.3 莫斯科的建设   2-1 克里木桥   2-2 莫斯科沃尔斯基桥   2-3 莫斯科港   2-4 高尔基大街   2-5 部长会议大厦   2-6 列宁图书馆   2-7 狄纳摩地铁车站   3 1988.12.25 彼得宫的喷泉   3-1 大瀑布和参孙喷泉   3-2 亚当喷泉   3-3 金山喷泉   3-4 罗马喷泉群   3-5 橡树礼花喷泉

1-1

1-2

2-1

2-2

1-3

1-4

1-5

3-1

3-2

3-3

4-1

4-2

4-3

4-4

4-5

1 1983.12.15 莫斯科新建筑　1-1 中央儿童音乐剧院　1-2 旅游中央大厦　1-3 俄罗斯联邦苏维埃宫　1-4 伊兹梅洛沃饭店　1-5 新闻通讯社　2 列宁格勒风光　2-1 海军部大厦　2-2 宁纪念像　3 1980.12.23 莫斯科的桥　3-1 纳加金斯基桥　3-2 鲁日尼基的梅特罗桥　3-3 加里宁桥·前诺沃阿尔马茨克桥　4 1984.6.14 远东诸海的灯塔　4-1 彼得罗夫罗夫斯克平洋阿瓦恰湾　4-2 托卡列夫·日本海　4-3 巴萨尔金·日本海　4-4 克罗诺茨·太平洋克罗诺茨湾　4-5 马列坎·鄂霍次克海

欧洲·波兰 Europe·Poland

1 1995.8.20 第18届全波兰集邮展览·华沙·华沙老城城堡　2 1987.6.5 教皇约翰·保罗2世访波 华沙西格斯蒙德—萨里王宫　3 1975.1.17 华沙解放30周年·华沙歌剧院　4 1958.3.29 古老市政厅　4-1 比耶茨市政厅　4-2 弗罗茨瓦夫市政厅　4-3 塔尔努夫市政厅　4-4 革但斯克市政厅　4-5 扎莫希奇城市政厅　5 1945.9.15 但泽风光　5-1 塔形建筑　5-2 钟楼　5-3 门形建筑　6 1971.3.5 波兰城堡　6-1 维斯尼奇城堡·17世纪　6-2 奎津城堡　6-3 斯卡拉城堡·14世纪　6-4 海尔斯堡城堡·14世纪

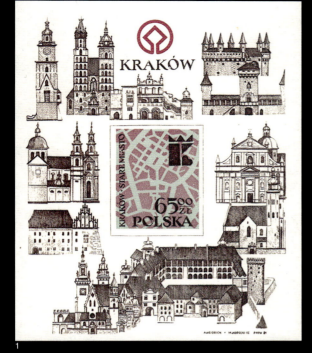

1 1982.12.28 历史地图·克拉科夫老城规划 2-1～2-2 1982.12.20 修复克拉科夫建筑（大门） 3-1～3-2 1984.12.10 修复克拉科夫建筑·瓦维尔城堡 4 1987.7.6 修复克拉科夫建筑·瓦维尔宫城堡 5 1983.11.25 修复克拉科夫建筑 5-1 圣职者会馆 5-2 市政厅 6 1988.3.8 修复克拉科夫建筑·瓦维尔城堡大门 7 1986.3.20 修复克拉科夫建筑 7-1 克拉科夫大学建筑·15世纪 7-2 市政厅

1-1　1-2
1-3 1-4 1-5　　　　　　　　　　　　　2-1

3　　　　　　　　　　　　　　　　2-2

1　1955.9.10　布拉格国际邮展　1-1　圣十字圆顶　1-2　旧城桥塔　1-3　白凡台尔夏宫　1-4　布拉格古堡全景　1-5　希贝尔尼宫　2　1964.8.31　布拉格赫拉德尼查城堡1000年　2-1　赫拉德尼查城　2-2　布拉格查理桥和赫拉德尼查城　3　1978.9.10　布拉格国际邮展·查理桥和1828年布拉格老城

1-1
1-2
1-3
1-4

3-1   3-2   3-3

3-4   3-5

1 1988.6.1 布拉格'88 国际邮展·布拉格的喷泉　1-1 瓦尔德斯泰因宫和喷泉　1-2 旧城广场上的喷泉·圣尼古拉斯教堂　1-3 查理大学内的喷泉　1-4 布拉格宫内的喷泉　2 1967.2.1 国际旅游年　2-1 布拉迪斯拉发的城堡与教堂　2-2 布拉格伏尔塔瓦河桥和赫拉德查尼城堡　3 1955.2.20-3.28 名城风光　3-1 克鲁姆洛夫　3-2 奥洛穆茨　3-3 班斯卡—比斯特里察　3-4 布拉迪斯拉发　3-5 布拉格

欧洲·捷克·斯洛伐克 Europe·Czechoslovakia

1-1

1-2

1-3

2-1

2-2

2-3

2-4

2-5

2-6

3-1

3-2

4

3-3

3-4

1 1954.12.10 城市建筑艺术　1-1 泰尔契的城市建筑　1-2 莱沃恰的市政厅和教堂　1-3 布杰约维尔的环形广场和喷水池　2 1958.6.25 矿泉疗养胜地　2-1 卡罗维发利建城600周年　2-2 波杰布拉迪　2-3 林斯基·拉涅兹建城150周年　2-4 卢哈乔维采　2-5 斯切伯斯基·普利沙　2-6 切兰辛斯基·弟伯利茨　3 1978.8.8 布拉格国际邮展　3-1 哥特瓦尔德桥　3-2 塔楼和百货公司　3-3 邮政部大楼　3-4 布拉格旧城和新城　4 1959.10.1 捷中邮电技术合作十年·中国北京邮票厂

1 1977.3.10 布拉格国际邮展·布拉格文艺复兴时期的窗户   1-1 米奇那宫   1-2 米奇那宫   1-3 特亨宫   1-4 赫拉德查尼宫   1-5 圣尼古拉教堂   2 1992.7.22 建筑艺术   2-1 特罗哈宫   2-2 莱德尼采城堡   3 1991.6.3 城堡   3-1 布特尔纳老城堡   3-2 布祖老城堡   3-3 凯兹玛洛克老城堡   4 1967.5.9 布拉格城堡   4-1 铸金街·16~18世纪   4-2 捷克王宫的弗拉基斯拉夫大厅·1484-1502年建   5 1985.10.28 布拉格城堡艺术珍品   5-1 总统府大门   5-2 圣维图斯大教堂

1

2-1

2-2

2-3

2-4

3-1

3-2

3-3

3-4

3-5

3-6

1 1970 布达佩斯解放 25 周年纪念　1-1 1945 年的布达佩斯市　1-2 1970 年的布达佩斯市·苏军纪念碑顶的自由神像　2 1961.9.24 布达佩斯国际邮展　2-1 玛尔格特岛　2-2 费歇米城堡　2-3 赛切尼链桥·加冕教堂　2-4 盖莱特山　3 1947.3.5 匈牙利风光　3-1 肖普朗市火警塔　3-2 埃格尔大教堂·埃斯泰尔戈姆市　3-3 布达佩斯自由桥　3-4 瓦捷达胡亚城堡·布达佩斯　3-5 维谢格拉德城堡·多瑙河畔　3-6 布达佩斯国会大厦和新建的利苏特大桥

1

1-1

1-2

1-3

2

2-1

2-2

2-3

2-4

2-5

2-6

1984.9.27 布达佩斯歌剧院100周年·小型张·剧院外景 1-1《歌剧院壁画》摩尔·萨恩作 1-2 剧院大厅 1-3 剧院包厢 2 1984.10.4 布达佩斯的多瑙河沿岸饭店·小型张·希尔顿饭店 2-1 阿特利姆·赫雅塔饭店 2-2 多瑙洲际饭店 2-3 福罗姆饭店 2-4 玛尔格特岛瑟马尔饭店 2-5 希尔顿饭店 2-6 吉利特饭店

1 1993.12.16 布达佩斯名胜　1-1 塞切尼铁索桥　1-2 歌剧院　1-3 马丁斯教堂　2 1982.9.10 第55届邮票日　2-1 布达佩斯渔人堡·匈雅提将军雕像　2-2 布达佩斯国会大厦·拉科西2世雕像　3 1980.12.12 联合国25周年　3-1 联合国纽约总部　3-2 日内瓦联合国欧洲总部　3-3 维也纳联合国总部

1-1　　　　　　　　　　　　　　　　　　　　　　1-2

　　　　　　　　　　　　　　　　　　　　　　　1-3

2-1　　　　　　　　　　　2-2　　　　　　　2-3

3-1　　　　　　　　　3-2　　　　　　　　3-3

1983.9.9 第56届邮票日　1-1 布达佩斯古建筑　1-2 老歌剧院·1845·R.阿尔特（1812－1905）版画　1-3 市音乐厅·1863 H.鲁迪尔斯版画·19世纪　2 1987.9.18 第60届邮票日 2-1 布达城堡建筑雕塑·柱头·边纸为布达城堡　2-2 马泰亚斯国王徽章　2-3 花与海豚雕塑（局部）　3 1994.11.17 布达佩斯的建筑　3-1 瓦达赫雅达瓦大教堂　3-2 尼姆吉特博物馆　3-3 莫扎基宫

65

欧洲 · 德国 Europe · Germany

1-1　1-2
1-3　1-4

2-1　　　　　　2-2　　　　　　2-3　　　　　　2-4　　　　　　2-5　　　　　　2-6

3　　　　　　　　　　　　　　　4

1 1987.1.15 柏林建城750周年　1-1 柏林风光　1-2 夏洛特堡宫　1-3 AEG公司　1-4 新落成的柏林交响音乐厅 · 1987　2 1955.11.14 历史建筑　2-1 马格德堡大教堂　2-2 柏林国家歌剧院　2-3 莱比锡旧市政厅　2-4 柏林红色市政厅　2-5 圣玛丽亚教堂 · 埃尔赛特市　2-6 尊格尔宫 · 德累斯顿市　3 1987.1.15 柏林建城750周年 · 柏林新老建筑 · 市徽　4 1941.9.9 柏林园林大奖赛 · 柏林勃兰登堡门

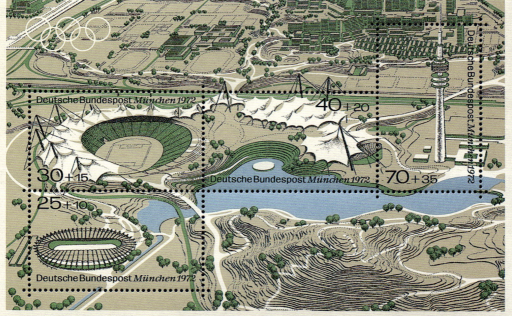

1-2 1-3 1-4
1-1

2-1　　　　　　　　　　2-2　　　　　　　　　　2-3

3-1　　　　　　3-2　　　　　　3-3

1 1972.7.5 第20届奥运会　1-1 室内赛车场　1-2 奥运会体育场　1-3 多功能比赛馆和游泳馆　1-4 奥运村全貌　2 1978.5.22 欧罗巴·建筑丰碑　2-1 班贝古老市政府　2-2 果根斯老市政府　2-3 埃斯林根老市政府　3 1956.6.11 德累斯顿建城750周年　3-1 旧市场·十字教堂·新市政厅　3-2 易北河桥·城堡塔·天主教堂　3-3 技术大学和天文台

欧洲·德国 Europe · Germany

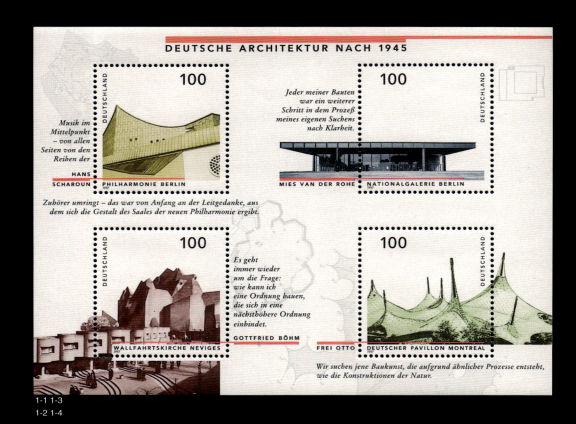

1-1　1-3
1-2　1-4

2

3

4

5

6-1　　　　　　　　　6-2

6-3

6-4

6-5

1 1997 1945年以后的德国建筑艺术　1-1 柏林音乐厅 汉斯·夏隆设计　1-2 内维格斯朝圣教堂 哥特弗里德和勃姆设计　1-3 柏林美术馆 密斯·范德罗设计　1-4 蒙特利尔博览会德国馆 弗赖·奥托设计　2 1923 瓦特堡城堡　3 科隆大教堂　4 1978.4.13 慕尼黑德意志博物馆75周年　5 1995.8.10 柏林·凯瑟·韦尔海姆纪念教堂100周年　6 1996 德国民居

1

2

3-1

3-2

3-3

3-4

3-5

3-6

3-7

3-8

3-9

3-10

3-11

3-12

1 1984.8.21 共和国35周年·柏林共和国宫 2 1983.11.22 第14届冬季奥运会·萨拉热窝·萨拉热窝奥林匹克中心 3 1965—1966 新柏林风貌 3-1 市中心威廉大帝纪念新建筑和保留的废墟 3-2 德意志歌剧院 3-3 新音乐厅 3-4 犹太纪念堂 3-5 累格纳战争牺牲者纪念堂 3-6 恩斯特—劳伊特尔广场 3-7 欧洲中心 3-8 柏林工业大学 3-9 高速公路 3-10 斯泰格里兹的植物园 3-11 柏林瓦恩湖与湖畔电视塔 3-12 斯泰格尼兹的大学医院

1

2-1

2-2

2-3

3

4

5

1 1986.6.3 柏林建城750周年·议会大厦 2 1966.11.23 瓦尔特堡建城900周年 2-1 东侧望楼·防御城墙·内宫 2-2 马丁·路德（1483～1546）用过的小教堂（1521～15 特伯爵的宫殿 3 1974.10.15 特格尔新机场开放·主楼鸟瞰·飞机 4 1978.11.16 国家图书馆新馆开放 5 1980.9.9 国际议会联盟大会·柏林·柏林市共和国宫

1

2

3-1　　　　　　　　　　　3-2

3-3　　　　　　　　　　　3-4

4-1

4-3

4-2

4-4

1 1979.8.7 全国邮展·德累斯顿·德累斯顿历史和现代建筑·邮展徽志　2 1987.9.8 柏林建城750周年·柏林台尔曼公园的E·台尔曼雕像　3 1980.1.29 巴洛克式园林建筑　3-1 格罗斯迪兹音乐喷泉　3-2 魏玛望景楼—橙园　3-3 德国伯格花圃　3-4 莱茵斯贝克宫廷花园　4 1982.2.9 邮政建筑　4-1 巴德·利本施泰因邮局　4-2 柏林长话大楼　4-3 埃尔富特中心邮局　4-4 德累斯顿第六邮局

 1-1
 1-2
 1-3
 1-4
 1-5

 2-1
 2-2
 2-3
 2-4

 3-1
 3-2
 3-3
 3-4

 4-1
 4-2

 4-3
 4-4

1 1978.1.24 17~18世纪著名建筑　1-1 苏尔·海因里希市政厅　1-2 尼德罗德维奇农舍　1-3 斯特拉森农舍　1-4 奎德林堡市政厅　1-5 埃森纳赫市政厅　2 1985.10.15 城堡　2-1 霍因斯泰因城堡·14世纪　2-2 罗希贝格城堡·12世纪　2-3 施瓦岑贝格城堡·12世纪　2-4 施泰因城堡·12~13世纪　3 1968.6.25 著名历史建筑　3-1 马格德堡区的韦尤格罗德市政厅　3-2 德累斯顿的莫里茨堡宫　3-3 格赖夫斯瓦尔德市政厅　3-4 波茨坦无忧宫新宫　4 1998 柏林建筑　4-1 勃兰登堡议会　4-2 巴伐利亚州议会　4-3 巴登—符登堡州议会　4-4 柏林市众议院

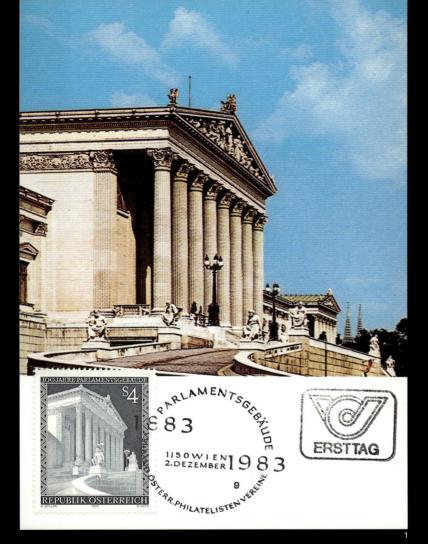

1 1983.12.2 维也纳议会大厦100周年　2 1978.5.3 欧罗巴·建筑纪念碑·施蒂里亚里格斯城堡　3 1977.6.10 欧罗巴·风光·阿尔特湖　4 1960.8.29 欧罗巴·爱奥尼克柱头　5 1977.4.2 圣斯特芬大教堂修复开放25周年　5-1 大教堂塔尖和哥特式窗格　5-2 南海灯塔和弗里德里克屋脊　5-3 大教堂内景　6 1985.1.25 林茨主教管区200周年·林茨大教堂内景

1

2

3

4-1

4-2

5-1

5-2

6

1 1981.2.20 1981年维也纳国际邮展·维也纳英雄广场·卡尔大公爵纪念碑和新皇宫　2 1983.9.23 维也纳市政厅100周年　3 1986.11.4 欧洲安全和合作大会·维也纳高空俯瞰　4 1991.5.24 博物馆100周年　4-1 军事历史博物馆内景　4-2 艺术历史博物馆内景　5 1955.7.25 维也纳城堡剧院和国家剧院重新开业　5-1 城堡剧院　5-2 国家剧院　6 1989.8.23 联合国维也纳办事处10周年·维也纳国际中心

1-1　1-2　　　　　　　　　　　　　　　　2-1　2-2

3-1　　　　　　　3-2　　　　　　　3-3　　　　　　　3-4

4-1　　　　　　　4-2　　　　　　　4-3

5-1　　　　　　　5-2　　　　　　　5-3　　　　　　　5-4

1 1972.6.8 第8届列支敦士登邮展　1-1 本德教堂　1-2 瓦杜兹城堡　2 1978.3.2 欧罗巴　2-1 维也纳的列支敦士登皇宫　2-2 费尔斯贝格城堡　3 1977.9.8 皇宫　3-1 弗劳恩斯塔尔城堡
3-2 格罗斯乌列尔斯多夫城堡　3-3 奥地利默得灵附近的列支敦士登城堡　3-4 奥地利维也纳列支敦士登城堡　4 1985.3.11 教团和修道院　4-1 伊丽莎白修道院　4-2 施伦贝格女修道院
4-3 古滕贝格传道馆　5 1981.9.7 古滕贝格城堡　5-1 城堡外观　5-2 城堡内院　5-3 客厅　5-4 骑士阁

欧洲·瑞士 Europe · Switzerland

1

2-1

2-2

3-1

3-2

4-1
4-3

4-2
4-4

1 1984.5.2 全国邮展·从苏黎世湖远眺苏黎世市容　2 1978.5.2 欧罗巴　2-1 斯托卡尔佩尔宫·1658~1678建·布里格　2-2 旧议会大厦·1730·伯尔尼　3 1990.5.22 欧罗巴·邮政建筑
·日内瓦邮局·1890　3-2 卢塞恩邮局·1886　4 1938.5.2 万国宫开放　4-1 从日内瓦湖远眺劳工大厦　4-2 万国宫　4-3 万国宫主楼　4-4 劳工大厦与托马斯纪念碑

欧洲·荷兰 Europe·Netherlands

 1-1
 1-2
 1-3
 1-4

 2-1
 2-2
 2-3
 2-4
 2-5

 3-1
 3-2
 3-3
 3-4
 3-5

 4-1
 4-2
 4-3

 4-4
 4-5

1 1948.6.17 社会和文化基金 1-1 海牙武士大厦·1248 1-2 阿姆斯特丹王宫·1648 1-3 海牙纽特尔戴克宫·1848 1-4 阿姆斯特丹新教堂·1898 2 1951.5.15 文化·医药和社会基金 2-1 希伦拉德城堡 2-2 贝尔格城堡 2-3 赫尔宁城堡 2-4 雷希特伦城堡 2-5 默尔蒙德城堡。 3 1955.4.25 文化和社会基金 3-1 鹿特丹工厂 3-2 海牙邮局 3-3 阿姆斯特丹证券交易所 3-4 希尔弗瑟姆市政厅 3-5 海牙办公楼 4 1969.4.15 现代建筑 4-1 海牙别墅·1915 4-2 乌德勒支住宅·1924 4-3 阿姆斯特丹第一所户外学校·1960 4-4 阿姆斯特丹孤儿院·1960 4-5 海牙荷兰国会大厦·1969

欧洲·比利时 Europe·Belgium

1-1

1-2

1-3

1-4

2

3

4-1

4-2

4-3

5

6-1

6-2

6-3

1 1987.10.17 宫殿 1-1 里科林萨特宫 1-2 韦斯特洛宫 1-3 法莱宫 1-4 哈斯贝克宫 2 1986.10.4 根特王家荷兰语言文学院100周年·学院主楼 3 1971.2.13 图尔奈大教堂800周年·大教堂外景 4 1984.6.23 旅游 4-1 布鲁塞尔圣母院 4-2 蒂尔特市·拉肯教堂 4-3 蒙蒂尼勒蒂约勒市的圣马丁教堂 5 1976.4.24 邮票日·布鲁塞尔"硬币中心" 6 1975.4.12 文化系列 6-1 威尼斯佩萨罗宫 6-2 根特市圣巴封隐修院 6-3 布鲁日圣玛丽亚雕塑像·米开朗基罗作

欧洲·比利时 Europe · Belgium

1-1

1-2

1-3

1-4

1-5

1-6

2-1

2-2

3-1

2-3

2-4

3-2

1 1958.4.15 布鲁塞尔世界博览会 1-1 博览会场九个出入口之———比荷卢门 1-2 土木工程馆 1-3 刚果和布隆迪展馆 1-4 比利时展览馆区·19世纪风貌 1-5 原子大楼·九个大圆球自成一室 1-6 邮电馆外貌 2 1973.3.24 文化系列附捐 2-1 比耶洛克教堂·根特市 2-2 洛布学校与教堂 2-3 海弗莱隐修院和公园 2-4 弗洛雷夫隐修院 3 1990.5.5 欧罗巴·邮电设施 3-1 东部奥斯坦德第一邮局·1953 3-2 西部列日第一邮局·1901

1 1980.5.31 独立150周年·布鲁塞尔莫奈皇家剧院 2 1971.8.7根特市富有特色的建筑和桥梁 3 1978.4.1 赫林贝亨的诺伯蒂纳修道院850周年·修道院 4 1967.6.3 奥斯坦德市700周年·原疗养院·市徽 5 1995.6.26 旅游 5-1 柯奇住宅·布鲁塞尔·建筑师保尔·柯奇 (1875～1952) 5-2 维尔夫·威瑞德林,克摩大楼,安德卫普·建筑师林兰斯,斯密特·威哈斯 (1851～1925) 5-3 住宅·林戈·建筑师保尔·加斯比 (1859～1945)

欧洲·卢森堡 Europe·Luxembourg

1 1988.9.12 欧洲投资银行30周年·1958年设在卢森堡的欧洲投资银行全貌　2 1921.8.2 卢森堡修道院　2-1 卢森堡修道院　2-2 法芬特尔　2-3 卢森堡　3 1972.9.11 欧共体法庭　3-1 国家纪念碑　3-2 欧共体法庭建筑　4 1967.6.13 欧共体大楼　5 1977.5.3 欧罗巴　5-1 卢森堡旧城郊住宅区·德国作曲家舒曼诞生地　5-2 卢森堡城新建阿道夫桥和欧洲投资银行　6 1997 卢森堡建筑　7 1987.9.14 推行欧洲乡村生活运动　7-1 1826年建的乡村树皮厂　7-2 18世纪建于梅泽兹的私宅　7-3 18世纪建的邮局

1 1989.12.11 慈善附捐　1-1 圣兰勃特及圣布拉塞小教堂　1-2 圣季里纽斯小教堂　1-3 圣安东尼小教堂　1-4 汉密艾小教堂，均选自卢森堡近年整修的4座小教堂　2 1983.9.7 建筑物　2-1 圣劳伦斯教堂内部·2~3世纪　2-2 达乌里特市政厅·1930~1932　3 1980.3.5 国家建筑　3-1 国家档案大厦　3-2 埃特普鲁克市政厅　4 1981.3.5 建筑物　4-1 国家图书馆　4-2 欧洲行政机关，半圆形建筑物　5 1988.6.6 旅游　5-1 威尔茨市政厅和正义十字架　5-2 16世纪迪夫坦戈城堡　6 1995.3.6 卢森堡市·欧洲文化城

欧洲·英国 Europe · United Kingdom

1-1　1-2
1-3　1-4

2-1

2-2

3-1

3-2

3-3

3-4

4-1

4-2

4-3

4-4

4-5

1 1978.3.1 古老教堂　1-1 伦敦塔　1-2 修道院与宫殿·霍利伍德宫·爱丁堡　1-3 卡那封城堡·威尔士　1-4 辛普敦宫殿·伦敦　2 1966.2.28 威斯敏斯特大教堂　2-1 大教堂　2-2 内部扇形拱架·亨利7世的小礼拜堂　3 1988.10.18 城堡　3-1 卡里克佛格斯城堡·北爱尔兰　3-2 卡那封城堡·威尔士　3-3 爱丁堡城堡·苏格兰　3-4 温莎宫·英格兰　4 1972.6.21 旧式乡村教堂　4-1 圣安德鲁斯教堂·格里斯特德·贾克斯塔·翁加村（埃塞克斯）　4-2 圣教徒教堂·艾米斯·巴顿　4-3 圣教鲁斯特村（诺福克）　4-4 安德鲁斯教堂·赫尔普林格海姆　4-5 圣玛丽亚教堂·休伊什·埃皮斯克皮

1-1

1-2

1-3

1-4

2-1

2-2

2-3

2-4

3-1　3-2　3-5
3-3　3-4　3-6

4-1

4-2

4-3

4-4

4-5

1 1971.9.22 现代大学建筑　1-1 华尔兹国际大学物理楼　1-2 南开普敦大学法拉第大楼·工程系　1-3 里赛斯特大学工程楼·1983.4　1-4 埃赛克斯大学六角形餐厅　2 1990.3.6 欧罗巴·世界邮展·1990·伦敦　2-1 亚历山大宫　2-2 艺术学校·格拉斯哥·1990 欧洲文化节　2-3 英国邮政局·爱丁堡·1990　2-4 地毯厂·格拉斯哥·1990 欧洲文化节　3 1969.5.28 教堂　3-1 达勒姆教堂　3-2 约克牧师教堂　3-3 圣·贾尔斯教堂·爱丁堡　3-4 肯特那坎特伯雷大教堂　3-5 伦敦·圣保罗大教堂　3-6 利物浦大教堂　4 1980.5.7 伦敦名胜·选自皇家美协主席S·卡尔逊爵士水彩画　4-1 白金汉宫　4-2 阿尔伯特纪念碑　4-3 皇家歌剧院　4-4 汉普顿皇宫　4-5 肯辛顿皇宫

1-1

1-2

1-3

2-1

2-2

3-1

3-2

4

5-1

5-2

6-1

6-2

6-3

6-4

1 1991.4.11 都柏林·欧洲文化城市　1-1 都柏林·城市会堂　1-2 爱尔兰守护神大教堂800周年　1-3 海关大楼200周年　2 1985.3.14 各种纪念　2-1 都柏林·科西克天文台200周年　2-2 爱尔兰研究院200周年学院建筑　3 1992.9.2 都柏林"三一"学院400周年　3-1 图书馆　3-2 主入口　4 1988.3.1 都柏林建城1000年　5 1978.12.6 欧罗巴·文物古迹　5-1 方尖塔·卡斯尔敦　5-2 暸望楼·德拉默拉德·18世纪　6 1981.5.22 直布罗陀弗朗西斯科女修道院　6-1 修道院斋堂　6-2 小礼拜堂　6-3 修道院鸟瞰　6-4 修道院内拱顶十字回廊

欧洲·法国 Europe · France

1

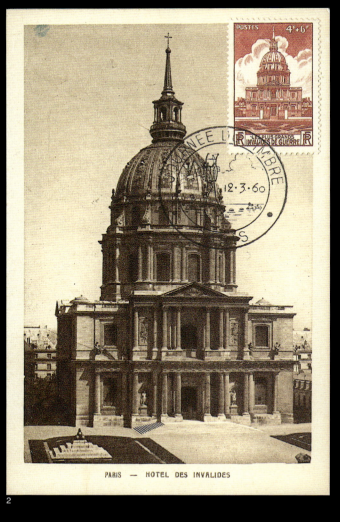
2

3-1　　　　　　　3-2

4

5　　　　　　　　6

1　1994.12.31　巴黎香榭里舍大街　　2　1946.3.11　资助战争伤残人员·巴黎残疾人教堂　　3　1978.5.6　欧罗巴·古迹　　3-1　巴黎花园中的喷泉　　3-2　巴黎圣婴喷泉　　4　1959.12.12　北大西洋公约组织十周年暨巴黎总部落成　　5　1939.6.23　斯特拉斯堡大教堂塔顶建成 500 周年·教堂塔顶　　6　1947.6.6　巴黎圣母院

欧洲·法国 Europe · France

1

2　　　　　　　　　　3　　　　　　　　　　4

5-1　　　　　　　5-2　　　　　　　5-3　　　　　　　5-4

6

1 1956 凡尔赛宫特里阿农大殿·阿尔杜安·芒萨（1645～1708）设计　2 1938.5.9 资助法国艺术年·凡尔赛宫　3 1959 旅游系列·巴黎爱丽舍宫　4 1946～1948 旅游系列·《卢森堡宫》·萨罗蒙德布鲁斯（1571～1626）画　5 1947.5.7 万国邮联第12次代表大会·巴黎　5-1 卢浮宫前廊　5-2 巴黎裁判所的附属监狱　5-3 巴黎老城区　5-4 巴黎协和广场　6 1993.11.20 卢浮宫博物馆200周年

会联盟59次会议·国民议会大厦　2 1963~1965 旅游系列·朗香的圣母教堂

欧洲·法国 Europe · France

1-1　1-2　1-3　1-4　1-5

2

3

4

5

6-1

6-2

7-1

7-2

1 1989.4.21 巴黎名胜　1-1 大拱门　1-2 埃菲尔铁塔建塔100周年　1-3 卢浮宫前的金字塔　1-4 巴黎圣母院　1-5 巴士底歌剧院　2 1983.9.10 旅游系列·阿登地区的夏勒维勒·梅齐耶雪　3 1951.1.20 旅游系列·枫丹白露城堡　4 1986 旅游系列·多尔多涅省的蒙帕西埃中世纪城堡　5 1952.5.30 旅游系列·尚堡城堡和首次"声和光"晚会　6 1958.11.1 联合国教科文组织大楼落成　6-1～6-2 联合国教科文组织大楼　7 1948 巴黎联合国大会　7-1 巴黎夏约宫　7-2 夏约宫俯视

  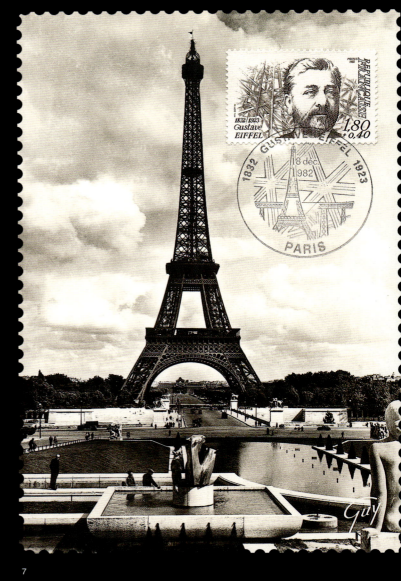

1 1997 集邮协会第70届会议·凡尔赛宫　2 1929 名胜古迹·凯旋门　3 1993 荣誉军人院200周年（1793～1993）　4 1981 旅游系列·尼姆的"方房子"　5 1939.4 邮电部新大楼落成暨救济邮电系统孤儿　6 1990.4.28 欧罗巴·今昔邮电大楼　6-1 马孔的老邮政大楼　6-2 赛里赛现代邮政大楼　7 1982 古斯塔夫·埃菲尔诞辰150周年　8 1993.4.24 旅游系列·奇诺恩城堡

1 乔治·蓬皮杜艺术与文化中心·巴黎　2 1997 法国国家图书馆落成·巴黎

1 1966.2.1 摩纳哥王宫 750 周年   1-1 19 世纪王宫   1-2 20 世纪王宫   2 1947.5.9 摩纳哥海洋博物馆   3 1939-1941 摩纳哥风光   3-1 摩纳哥大教堂   3-2 王宫   4 1977.5.3 欧罗巴·古迹   4-1 奥雷伊翁塔·18 世纪   4-2 芒东的圣·米歇尔教堂   5 1971.9.6 保护历史遗迹   5-1 法索斯佩尔古桥   5-2 罗格布鲁的 11 世纪古堡   5-3 卡涅的 16 世纪格里马尔迪古堡   5-4 阿尔卑斯山的拉蒂比古堡   6 1988.9.8 蒙特卡洛公会堂建成 10 周年   6-1 公会堂外景   6-2 演讲台和听众席

1-1

1-2

2-1

2-2

2-3

2-4

2-5

2-6

3-1　3-2
3-3　3-4

1 1916.4.22 纪念塞万提斯　1-1 议会大厦　1-2 国家图书馆　2 1961.10.31 修道院　2-1 埃斯科里亚尔修道院"国王庭院"教堂　2-2 修道院内贵族学校　2-3 修道院内南立面和庭院　2-4 修道院大楼梯间和西楼厅　2-5 俯瞰修道院全景　2-6 修道院主圣坛　3 1989.12.20 民族文化遗产——皇宫　3-1 圣罗伦佐寺院·埃尔·埃斯科里亚尔　3-2 阿拉杰兹皇宫　3-3 圣伊迪丰索皇宫　3-4 马德里皇宫

1-1　　　　　　　　1-2　　　　　　　　　1-3　　　　　　　　1-4

3-1

3-2

2

4-1　　　　　　　　　4-2　　　　　　　　　4-3

4-4　　　　　　　4-5

1 1997 塞发拉旅游　1-1 里巴多维亚　1-2 科尔多瓦　1-3 卡塞列　1-4 黑罗那　2 1985.10.18 '85全国邮展·马德里普拉多博物馆旧貌　3 1978.5.2 欧罗巴·著名建筑　3-1 格拉纳达的查理5世皇宫　3-2 塞维利亚的商品交易所大楼(隆哈宫·16世纪)　4 1968.7.29 城堡　4-1 托列多的埃斯卡洛那城堡　4-2 巴利阿多里德的富恩萨尔达纳城堡　4-3 巴利阿多里德的佩纳菲尔城堡　4-4 庞特维多拉的比利亚索夫罗索城堡　4-5 布尔戈斯的弗里亚斯城堡

欧洲 · 西班牙 Europe · Spain

1 1964.1.8~6.22 旅游 1-1 塞哥维亚城堡 · 11~14世纪 1-2 格拉纳达安达卢西宫的狮子庭院 1-3 巴里阿里省马略尔卡岛 · "龙的地狱" 溶洞 1-4 安达卢西亚科尔多瓦清真寺 1-5 莱昂的圣伊西多罗教堂地下室 1-6 里奥奥纳尔河畔的赫罗纳旧城 1-7 安达卢西亚科尔多瓦航标 1-8 莱昂大教堂（13~15世纪） 1-9 卡塔罗尼亚的托萨海附近的海滩 1-10 桑坦德省的波特斯城 2 1977.6.24 旅游 · 古迹 2-1 托莱多门 · 雷亚尔城 2-2 古罗马高架渠 · 阿尔穆涅卡尔 2-3 哈恩大教堂 2-4 马拉加省龙达的桥 2-5 安普迪亚城堡 · 帕伦西亚省 2-6 新比萨格拉门 · 托列多

1

3-1

3-2

3-3

3-4

2

4-1

4-2

4-3

4-4

1 1992.10.9 全国邮票展·瓦拉多里德·巴布洛教堂 2 1994.7.1.`94全国邮展·圣安尼大教堂·拉斯·帕尔·玛斯 3 1992.11.24 马德里当选为文化之都 3-1 索菲亚皇后纪念馆 3-2 皇家剧院 3-3 城市博物馆 3-4 普拉多博物馆 4 1990.12.10 人类文化遗产 4-1 文森特教堂·阿维拉市 4-2 米格里洛塔·奥维多市 4-3 布雅戈城堡·卡萨雷斯市 4-4 圣·比德罗教堂·特雷尔市

1-1 1-2
1-3 1-4

2-1   2-2

3-1   3-2   3-3   3-4

1 1990.4.11 欧罗巴 1-1、1-4 圣蒂尔索邮局·19世纪 1-2、1-3 马拉邮局 2 1978.5.2 欧罗巴 2-1 罗马塔·伯里芒特 2-2 伯列姆修道院 3 1994.11.7 葡萄牙历史建筑 3-1 菲利浦要塞·西都巴尔 3-2 奥比多斯城堡 3-3 道斯·路易斯修道院·艾威热 3-4 圣·马瑞那 圭玛热修道院

欧洲·葡萄牙 Europe·Portugal

1-1

1-2

1-3

1-4

2-1

2-2

3-1

3-2

4-1

4-2

5-1

5-2

5-3

5-4

1 1995.9.1 葡萄牙亚速尔群岛的19世纪建筑　1-1 圣丹娜宫　1-2 维克多瑞斯小礼拜堂　1-3 医院　1-4 官邸　2 1987.7.1 窗与阳台（亚速尔群岛）　2-1 格拉西奥萨岛圣克鲁兹　2-2 圣米格尔大里贝拉　3 1987.7.1 国家纪念碑（马德拉岛）　3-1 丰沙尔教堂·15世纪　3-2 圣克鲁什老市政厅·16世纪　4 1982.11.24 圣灵小教堂（亚速尔群岛）　5 1986.7.1 丰沙尔和马迪科要塞（马德拉岛）　5-1 圣济伦索·1583　5-2 圣若昂－杜皮科·1611　5-3 圣地亚哥·1014　5-4 圣杜阿姆中的帕罗·1706

1 1964.11.4 生活在国外的退伍军人朝拜罗马·罗马威尼斯广场上维克多·伊曼纽尔二世纪念碑(邮票上为局部)　2 1946.10.31 意大利共和国宣告成立　2-1 安德烈亚大教堂　2-2 圣米夏埃尔教堂　2-3 锡锡格诺里王宫　3 1980.9.22~1991 城堡　3-1 罗马的圣天使堡　3-2 米兰的斯福泽斯科堡　3-3 安德里亚的德尔蒙特堡　3-4 斯卡利杰罗堡　4 1973.11.10 喷泉　4-1 罗马的特雷维喷泉　4-2 那不勒斯的伊马科拉特拉喷泉　4-3 巴勒莫的普雷托里亚广场喷泉　5 1973.10.8 比萨斜塔 800 周年

1-1　　　　　　　　　　　1-2　　　　　　　　　　　1-3

1-4　　　　　　　　　　　1-5　　　　　　　　　　　1-6

2-1　　　　　　　　　　　2-2

3-1　　　　　　　　　　　3-2

4-1　　　　　　　　　　　4-2　　　　　　　　　　　4-3

1 1961.8.21 意大利统一100周年　1-1 海湾和加埃特要塞　1-2 卡里尼西宫·都灵　1-3 蒙太契托里奥宫·罗马　1-4 韦基奥宫·佛罗仑萨　1-5 马达马宫·罗马　1-6 意大利'61展览
会之文明亭　2 1978.4.29 欧罗巴·古建筑　2-1 新堡·那不勒斯·13世纪　2-2 潘提翁神殿·罗马·始建于公元2世纪　3 1990.5.7 欧罗巴·邮政建筑　3-1 圣锡尔韦斯特罗广场邮局·
罗马　3-2 德国店楼邮局·威尼斯　4 1982.10.1 别墅建筑　4-1 平民别墅·罗马　4-2 东方别墅·蒂沃利　4-3 兰特·迪·巴尼亚别墅·维特尔博

1-1

1-2

1-3

1-4

1-5

2-1 2-2

2-3

3-1

3-2

1 1973.3.5－4.10 拯救威尼斯 1-1 著名游览地斯拉沃尼亚人河岸 1-2 《威尼斯的胜利》(维托雷·卡帕西奥绘) 1-3 大水中的圣马可广场 1-4 四长官雕像·4世纪 1-5 《青铜器马》圣马可大教堂 2 1989.6.10 旅游风光 2-1 庞培（遗址） 2-2 格罗塔马雷·教皇西克斯图斯五世纪念碑 2-3 贾尔迪尼克索斯·海滩 3 1990.11.5 学校 3-1 科森蔡的贝纳迪奥诺·莱西奥中学 3-2 卡塔尼亚大学·校徽

欧洲·意大利 Europe·Italy

1

2-1

2-2

3

4-1

4-2

5-1

5-2

1996 米兰大教堂　2 1985.3.30 意大利'85邮展　2-1 罗马的圣玛丽教堂·彼得罗德·克丹设计(1596–1669)　2-2 圣安格斯教堂·罗马·喷泉与纪念碑　3 1940 母狼哺婴雕像　1978.3.15 斯卡拉歌剧院200周年·米兰　4-1 外景　4-2 内景　5 1988.7.2 意大利文化艺术遗产·广场　5-1 皮斯托亚的大教堂广场　5-2 迪里雅斯特的意大利统一广场

1-1

1-2

1-3

1-4

1-5

2-1

2-2

2-3

2-4

3-1

3-2

3-3

3-4

1 1959.6.23 第17届奥运会　1-1 迪奥斯库里喷泉方尖塔　1-2 国会大厦的钟楼　1-3 君士坦丁凯旋门　1-4 卡尔卡拉温泉浴场　1-5 马森蒂乌斯大教堂　2 1960.6.25 第17届奥运会　2-1 奥林匹克体育场　2-2 比赛场　2-3 体育馆　2-4 小体育馆　3 1988.5.7 旅游风光　3-1 卡斯蒂里奥内·戴拉·佩斯凯亚　3-2 海上观景台·利格纳诺萨比亚多罗　3-3 圣多米尼克教堂　3-4 维埃斯特海滩

1

2-1

2-2

2-3

2-4

3-1　　　3-2　　　3-3

4

5-1

5-2

1986.4.14　梵蒂冈城景色　2 1993.3.23　梵蒂冈与罗马的建筑艺术　2-1 圣保罗教堂　2-2 圣彼得教堂　2-3 圣约翰教堂　2-4 圣玛丽亚教堂　3 1991.1.11　欧洲主教区红衣主教会
3-1 圣彼得教堂柱廊　3-2 圣彼得教堂与广场　3-3 圣彼得教堂柱廊　4 1933.5.31　普通邮票·圣彼得大教堂　5 1933.5.31　普票　5-1 梵蒂冈全貌与喷泉　5-2 圣彼得大教堂

1

2-1

2-2

3-1

3-2

3-3

3-4

3-5

3-6

4-1

4-2

4-3

4-4

4-5

1 1957.10.9 梵蒂冈教皇科学院成立20周年·学院建筑 2 1957.11.14 奥地利王玛丽大教堂800年 2-1 教堂全貌 2-2 祭坛 3 1976.11.23 建筑 3-1 圣约翰塔 3-2 萨卡门托喷泉 3-3 梵蒂冈花园入口处喷泉 3-4 圣彼得大教堂的圆形屋顶 3-5 西斯廷大教堂·博吉亚塔 3-6 阿波斯托利克宫 4 1959.10.27 罗马式方尖塔 4-1 圣约翰方尖塔·拉特兰 4-2 圣玛丽亚主教塔 4-3 圣彼得塔 4-4 波波罗广场 4-5 特里尼塔

欧洲·圣马力诺 Europa·San Marino

1-1　　　　　　　　　　1-2

2

3-1　　　　　　3-2

3-3　　　　　　　3-4

3-5　　　　　　3-6

4

1　1986.3.6　世界卫生日暨社会安全保障制度30周年　1-1 克隆哥医院　1-2 克隆哥医院　2 1929.3.28　政府大厦　3 1966.3.29　圣马力诺建筑　3-1 马格林教堂　3-2 圣方济各门　3-3 医院街　3-4 努瓦桥　3-5 拉罗卡城堡　3-6 政府大厦　4 1997　圣马力诺　中国联合邮票·蒂塔诺山城堡

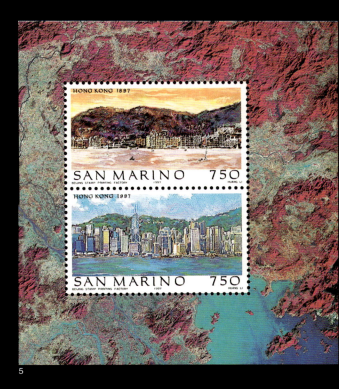

1 1994.10.8 意大利·圣马力诺联合邮票·圣马可教堂900周年　2 1961.2.25　第6届博洛尼亚邮展　2-1 王宫　2-2 教堂　2-3 双塔　3 1978.5.30　欧罗巴建筑　3-1 圣方济格大厦大厅15世纪建　3-2 黎普那大厦·15世纪建　4 1958.4.12　第36届米兰国际博览会·圣母玛丽亚塑像和展览会场　5 1997　香港国际邮展·维多利亚海湾今昔

欧洲·圣马力诺 Europa · San Marino

1-1

1-2

2-1

2-2

4-1

3-1

3-2

4-2

4-3

4-4 4-5

1977.6.15 罗马尼亚独立100周年·布加勒斯特 1-1 1977年布加勒斯特洲际饭店 1-2 1877年布加勒斯特 2 1986.5.22 世界重要城市今昔风貌·芝加哥 2-1 1870年芝加哥市中心水塔（1870年毁于大火） 2-2 重建后的芝加哥中心水塔·1986年 3 1987.10.16世界重要城市今昔风貌哥本哈根 3-1 水彩画·《哥本哈根城景观》·1836 3-2 《今日哥本哈根景观》·198 1967.9.21 欧洲的哥特式教堂 4-1 法国亚眠主教堂（1211～1290） 4-2 意大利锡耶纳主教堂（12世纪） 4-3 西班牙托莱多主教堂（1227～1493） 4-4 英国索尔兹伯里主教堂（1220～ 265） 4-5 德国科隆大教堂（1248～1880）

108

1-1

1-2

1-3

1-4

2-1

2-2

2-3

2-4

3-1

3-2

3-3

3-4

1 1980.2.15 古迹修复　1-1 海尔·萨夫里尼墓·保拉·前2500　1-2 维累纳宫·姆迪纳·18世纪建　1-3 维多利亚城堡·戈佐　1-4 圣塔尔莫要塞·瓦莱塔·16世纪建　2 1992.8.5 历史建筑　2-1 圣家族抵达埃及教堂　2-2 圣约翰大教堂　2-3 圣母教堂　2-4 普罗旺斯的旅馆　3 1967.9.12 第15届建筑史大会　3-1 塔尔欣巨石时期神庙废墟·公元前2世纪　3-2 姆迪纳弗森宫的正门（10～12世纪）　3-3 比尔基尔卡拉教区教堂的正面　3-4 瓦莱塔的奥拜日城堡入口

1 1965.5.8 解放20周年 1-1 铁托格勒风光 1-2 斯科普里风光 1-3 萨拉热窝风光 1-4 卢布尔亚那风光 1-5 萨格勒布风光 1-6 贝尔格莱德风光 2 1985.12.6 第14届世界大学生运动会（萨格勒布 1987）·萨格勒布体育馆·运动会徽志 3 1978.5.3 欧罗巴—著名建筑 3-1 塞尔维亚戈卢巴茨的城堡 3-2 马其顿的圣瑙姆修道院 4 1990.4.23 欧罗巴—邮政建筑 4-1 斯科普里的邮政中心 4-2 贝尔格莱德长途电话营业中心 5 1982.11.10 第14届冬奥会·萨拉热窝 5-1 米里雅奇卡河上的古桥 5-2 米那莱特塔·架空索道 5-3 艺术学院的巴洛克主楼 5-4 萨拉热窝市街景

1-1

1-2

1-3

1-4

1-5

1-6

2

3-1

3-2

3-3

3-4

1 1967.7.17 国际旅游年 1-1 利托尔市12世纪建造的天主教堂·17世纪建造的罗马式风格高塔 1-2 马里博尔市巴洛克风格市政厅 1-3 特罗吉尔13~16世纪罗马风格的圣劳伦兹天主教堂 1-4 尼什市土耳其统治时期建造的城堡南门 1-5 维舍格勒德里纳河上的古桥建筑 1-6 马其顿斯科普里15世纪土耳其统治时期建造的宫殿（现为马其顿艺术博物馆） 2 1979.4.24 马特迪乌大学30周年·学校·建筑·徽志 3 1992.12.12 历史文物·古老民居 3-1 兹拉吉巴尔山区民居 3-2 马拉瓦地区民居 3-3 梅托西地区民居 3-4 弗约沃迪地区民居

1-1　1-2
1-3　1-4

2-1　2-2
2-3　2-4

3-1

3-2

3-3

3-4

3-5

1　1982.5.6　欧洲经济文化合作　1-1　新天鹅宫　1-2　斯托尔赞费尔斯城堡　1-3　卡茨—洛雷莱城堡　1-4　林德霍夫宫殿　2　1982.5.6　欧洲经济文化合作　2-1　布兰索夫布兰城堡　2-2　胡内多阿拉城堡　2-3　佩雷斯城堡　2-4　雅西文化宫　3　1955.6.28　布加勒斯特博物馆　3-1　西奥多·阿曼博物馆　3-2　党史博物馆　3-3　民间艺术博物馆　3-4　艺术博物馆　3-5　赛姆博物馆

2-1

2-2

2-3

2-4

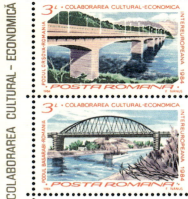

1-1　1-2
1-3　1-4

3-1　3-2
3-3　3-4

2-5

2-6

2-7

1 1984.4.24 欧洲经济文化合作　1-1 奥尔索瓦桥　1-2 阿格斯桥　1-3 巴萨拉比桥　1-4 奥哈巴桥　2 1961.11.22 现代建筑　2-1 共和国宫塔楼　2-2 康斯坦察火车站　2-3 布加勒斯特大会堂　2-4 昂多拉轧钢厂　2-5 首都公寓宫　2-6 首都马戏场　2-7 曼加利亚工人俱乐部　3 1987.5.18 欧洲经济文化合作·现代建筑　3-1 布加勒斯特商品博物馆　3-2 黑海边欧洲饭店　3-3 布加勒斯特国际饭店　3-4 布加勒斯特技术学院

113

欧洲·罗马尼亚 Europa·Romania

1-1

1-2

1-3

1-4

1-5

1-6

1-7

2

3

1 1979.10.23 历届奥运会场馆 1-1 莫斯科体育场·1980年22届 1-2 墨尔本体育场·1956年16届 1-3 罗马体育场·1960年17届 1-4 东京体育场·1964年18届 1-5 墨西哥城体育场·1968年19届 1-6 慕尼黑体育场·1972年20届 1-7 蒙特利尔体育场·1976年21届 2 1978.7.20 观光旅游·布兰城堡 3 1980.9.30 欧洲安全合作会议·布加勒斯特国会大厦

1-1

1-2

1-3

1-4

1-5

2-1

2-2

1-6

1-7

2-3

2-4

3-1

2-5

2-6

3-2

4-1

4-2

4-3

4-4

4-5

1 1963.12.25 布加勒斯特乡村博物馆　1-1 普罗依斯蒂·18世纪　1-2 奥尔特尼亚·1875年房舍　1-3 洪多内拉·19世纪房舍　1-4 奥尔特尼亚·19世纪房舍　1-5 布拉索夫1848年建筑　1-6 巴乔19世纪建筑　1-7 阿吉斯19世纪建筑　2 1989.2.8 传统民居　2-1 17世纪建筑　2-2～2-4 18世纪建筑　2-5～2-6 19世纪建筑　3 1977 保加利亚风光　3-1 里拉修道院建筑群　3-2 黑海"阿尔别纳"疗养区　4 1946.8.26 里拉修道院1000周年　4-1 修道院创造者伊万的圣像画　4-2 里拉修道院全貌　4-3 里拉修道院建筑群　4-4 鸟瞰　4-5 内地

1-1 1-2
1-3 1-4

2

3-1   3-2   3-3   3-4

4-1   4-2   4-3

4-4   4-5   5-1   5-2   5-3

1 1987.4.7 现代建筑 1-1 瓦尔纳·柳德米拉 日夫科夫会议中心 1-2 索非亚外交部 1-3 索非亚音乐厅 1-4 山丹斯基饭店 2 1985.10.8 联合国教科文组织第23次会议·索非亚国家文化宫 3 1988.12.19 冬季饭店 3-1 里拉饭店·波罗维茨 3-2 波林饭店·班斯卡 3-3 萨维特里维查饭店·索非亚维多莎山 3-4 别列里克饭店·巴姆戈拉沃 4 1980.7.11 旅游饭店 4-1 普罗夫迪夫饭店·普罗夫迪夫 4-2 欧罗巴饭店·索非亚 4-3 友谊饭店·瓦尔纳 4-4 保加利亚饭店·布尔加斯 4-5 里加饭店·鲁塞 5 1941-1943 索非亚建筑 5-1 法院 5-2 工人医院 5-3 国家银行

欧洲·阿尔巴尼亚 Europe·Albania

1 1984.3.30 钟楼 1-1 吉诺卡斯特的钟楼 1-2 卡瓦亚的钟楼 1-3 爱尔巴桑的钟楼 1-4 地拉那的钟楼 1-5 佩基亚的钟楼 1-6 克鲁亚的钟楼 2 1982.2.20 典型的民居 2-1 保尔其泽地区民居 2-2 科索沃地区民居 2-3 比察伊地区民居 2-4 克劳地区民居 3 1953.8.1 地拉那电影制片厂 4 1973.12.5 文化技术与风光 4-1 拉卡顿芒廷湖 4-2 斯坎德培纪念像·地拉那 5 1959.1.25 历史文物纪念·布特林特女神大理石雕像·前 4 世纪·布特林特的古罗马欧迪翁露天扇形剧场前 3 世纪 6 1974.2 文化技术与风光 6-1 卡伐亚热水泥厂 6-2 卡车生产厂·阿里—科尔门迪联合企业 6-3 达耶特冬季滑雪场 6-4 罗格拉山村风光 6-5 都拉斯古迹遗址

1-1

1-2

1-3

1-4

2-1

2-2

3-1

3-2

4

5

6-1

6-2

6-3

6-4

1 1987.7.1 希腊柱式及建筑　1-1 爱奥尼和科林斯柱式·古代希腊阿波罗神庙　1-2 多立克柱式·雅典帕提农神庙　1-3 爱奥尼柱式和伊端克提翁神庙（前421～406）　1-4 科林斯柱式和伊皮达鲁斯圆形建筑　2 1978.5.15 欧罗巴　2-1 圣索非亚教堂（18世纪）·塞格洛尼港典型的拜占庭式教堂　2-2 雅典的列雪格拉德纪念亭（前335～334）　3 1985.12.9 庞塔斯希腊文化复兴　3-1 圣母玛利亚索迈拉修道院　3-2 特拉派祖斯高等学校　4 1979.5.12 雅典巴尔干半岛旅游年·雅典赫斐斯托斯神殿和拜占庭教堂　5 1975.9.29 萨洛尼基大学50周年·第一座大学楼　6 1993.10.4 雅典新古典主义和现代建筑　6-1 音乐厅　6-2 货币博物馆　6-3 国立国书馆　6-4 眼科医院

Africa
非洲

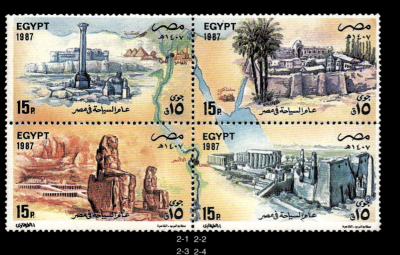

1 1976.10.6 十月战争无名战士纪念金字塔　2 1987.6.18 旅游年　2-1 圆柱与斯芬克斯·亚历山大里亚　2-2 圣凯瑟琳陵·西奈山　2-3 舍比斯的克罗西　2-4 舍班三世庙·路克斯奥
3 1959.2.22 尼尔·希尔顿旅馆开业　4 1957.7.20 谢菲尔德饭店·开罗　5 1982.6.28 埃及哈桑清真寺千年　6 1982.6.28 清真寺

非洲·埃及 Africa·Egypt

1-1

1-2

1-3

1-4

2

3-1

3-2

4

5

6

7

8

9

10

1 1947.3.9 国际性艺术资料的当代解释　1-1 古狄斯·哈桑　1-2 亚眠西姆·辛贝尔　1-3 女王南弗蒂　1-4 国王殉葬面具　2 1961.11.14 UNESCO 拯救努比亚神庙运动15周年　3 1963.10.1 救救阿布辛尔　3-1 内弗达女王　3-2 月光下的法老　4 1933.3.8 飞机飞越吉萨大金字塔　5 1959 努比亚萨维古特纪念碑　6 1964.4.28 阿布辛尔神庙　7 1969.10.24 菲莱神庙　8 1968.10.24 菲莱神庙　9 1961.4.11 开罗塔　10 1963 世界文化遗产保护

1

2-1　　　　　　　　2-2　　　　　　　　2-3

2-4　　　　　2-5　　　　　2-6　　　　　2-7

3-1　　　　　　　　　3-2　　　　　　　　　4

1 1985.9.15 清真寺入口系列　2 1975.12.13 穆罕默德诞辰1045年　2-1 凯里·巴斯清真寺　2-2 赛地·阿　2-3 赛地·阿里·艾尔费冈尼　2-4 阿尔卡鲁巴清真寺　2-5 卡替克则　2-6 木拉德·阿千　2-7 马乌·穆罕默德　3 1982.6.15 市政厅(喀麦隆)　3-1 达瓦拉市政厅　3-2 雅温德市政厅　4 1975.7.21 邮电部(喀麦隆)

122

非洲·阿尔及利亚 Africa·Algeria

1-1

2-1

2-2

3-1

3-2

3-3

4-1

4-2

4-3

4-4

5-1

5-2

5-3

1 1936～1941 特鲁姆菲拱门　2 1969.4.5 神庙　2-1 卡必多神庙　2-2 赛坡蒂密斯神庙　3 1986.5.15 清真寺　3-1 阿齐兹清真寺　3-2 哈姆拉清真寺　3-3 穆斯塔法清真寺　4 1987.12.16 各类校园　4-1 哈瓦提·布迈丁科技大学　4-2 布希兰科技大学　4-3 吉斯特亚大学　4-4 吉斯特·阿义德·卡迪尔王子伊斯兰经学院　5 1989.3.9 建筑　5-1 清真寺　5-2 古城堡　5-3 现代建筑

123

1 1976.3.11 波罗巴图神庙 1-1 巴斯·热里耶夫·波罗巴图 1-2 波罗巴图神庙 2 1989.10.27 国际议会联盟中心·议会大厦 3-1 - 3-3 古城堡 4 1919.7.16 圣乔治大教堂（埃塞俄比亚） 5 1962.9.11 埃塞俄比亚独立10周年 5-1 马沙瓦的教堂 5-2 马沙的清真寺 6 1970.4.15 12-13 世纪的石头教堂（埃塞俄比亚） 6-1 麦地汉·阿列姆教堂 6-2 比耶特·埃玛纽尔教堂 6-3 比耶特·马瑞姆教堂

1-1 1-2 1-3 1-4

2-1 2-2 2-3 2-4

2-5 2-6 2-7

3

1 1970.11.23 建筑 1-1 邮政局·巴马科 1-2 交易所 1-3 公众工作部·巴马科 1-4 市政厅·赛贡 2 1971.12.13 古代世界七大奇迹 2-1 宙斯雕像·菲蒂亚斯 2-2 吉普斯金字塔和斯芬克斯 2-3 阿特姆斯神庙 2-4 空中花园·巴比伦 2-5 灯塔·亚历山大港 2-6 哈里卡那斯灵庙 2-7 罗德岛巨人像 3 1977.10.5 阿密特旅馆开业

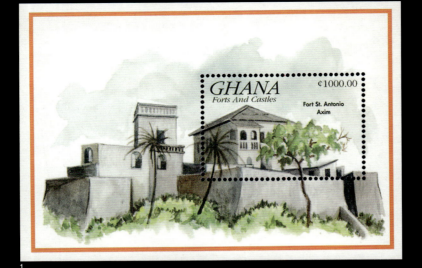

1

2-1

2-2

2-3

3

4-1

4-2

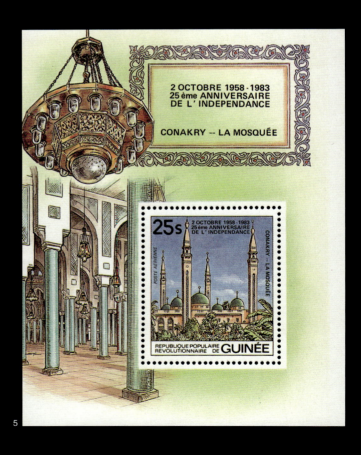

5

1 1995.4.3 要塞与城堡·圣安东尼奥要塞·阿西姆 2 1980.8.4 建筑 2-1 议会大厦 2-2 最高法院 2-3 城堡 3 1967.9.24 几内亚共和国人民宫（中国援建） 4 1965 几内亚独立 4-1 几内亚技术学院 4-2 几内亚卡玛耶纳旅馆 5 1983.10.2 几内亚独立 25 周年·科纳克里大清真寺

1-1   1-2

2   3

4   5   6

7   8   9

博卡萨体育宫 1-1 正面 1-2 侧面 2 1988.11.3 阿米特医院1周年 3 1978 自动电话交换台·班吉 4 1961.2.25 路易斯·巴斯德学院 5 1972 "列·帕斯菲古" 旅大学 7 1967.9.26 沙夫瑞旅馆·班吉 8 1967.8.8 中心广场 9 1968.10.14 班吉的清真寺

1

2-1

2-2

2-3

2-4

3

2-5

2-6

4

1 1977.7.20 伊丽莎白二世银婚纪念·伊丽莎白二世和菲利浦王子站在树顶旅馆的窗户前 2 1980.10.9 肯尼亚历史建筑 2-1 国家档案局·1904 2-2 监查官办公楼·内罗毕·1913 2-3 内罗毕住宅·1913 2-4 诺福克旅馆·1904 2-5 麦可米兰图书馆·1929 2-6 吉庞德住宅·1913 3 1981.6.24 内罗毕国际会议中心 4 1983.11.10 皇家访问·树顶旅馆

非洲·坦桑尼亚 Africa·Tanzania

1

2

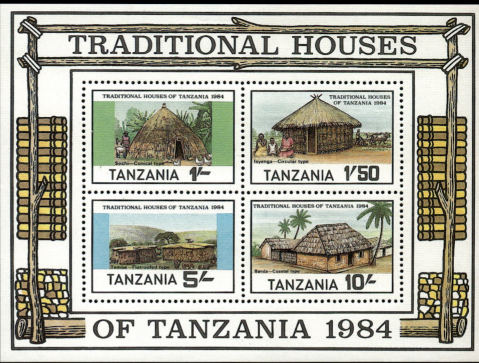
3-1 3-2
3-3 3-4

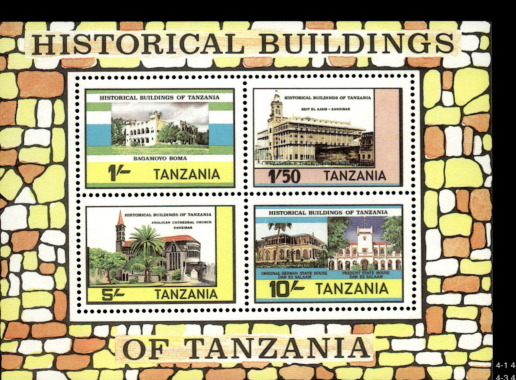
4-1 4-2
4-3 4-4

5

6

1 达累斯萨拉姆海滨　2 达累斯萨拉姆国会大厦　3 1984.12.20 传统民居　3-1 索契　3-2 伊欣加　3-3 太姆伯　3-4 班达　4 1983.12.12 历史建筑　4-1 巴卡莫友·鲍姆　4-2 比尔特艾尔·阿加伯　4-3 圣公会教堂　4-4 新老国会大厦　5 1983.9.12 非洲经济委员会成立25周年·东南非管理学院·阿若什　6 1987.2.6 国家商业银行建立20周年

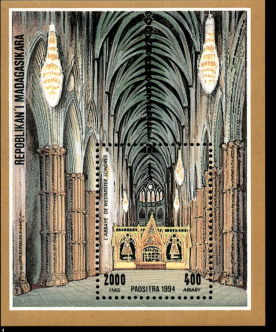

1 1994.2.14 威斯特敏斯特大教堂　2 1970 民居　3 1969~1970 马尔加什住宅　3-1 白特瑞勒住宅　3-2 特西米特住宅·西海岸　3-3 马尔加什住宅　4 1967.2.20 教堂·寺庙　4-1 耶稣再生庙·塔马蒂夫　4-2 罗马天主教堂·塔那那里佛　4-3 清真寺·塔马蒂夫　5 1968.9.10 建筑　5-1 伊索特一菲蒂万那新教教堂　5-2 罗马天主大教堂·菲那瑞特　5-3 阿卡汗清真寺·塔那那里佛　6 1971.7.23 旅馆·马达加斯加 希尔顿饭店·塔那那里佛

1-1

1-2

1-3

1-4

1-5

1-6

2-1

2-2

3-1

3-2

3-3

3-4

3-5

3-6

1 1990.7.11 哈拉雷市中心建筑 1-1 热哈瑞住宅·1986 1-2 市场大厦·1894 1-3 查瑞特住宅·1957 1-4 最高法院·1927 1-5 标准特许银行·1911 1-6 市政厅·1933 2 1986.6.29 建筑 2-1 哈拉雷会议中心 2-2 室内 3 1994.4.5 布拉维约市中心的建筑 3-1 市政厅 3-2 克瑞斯特教堂旅馆 3-3 高等法院 3-4 都斯标住宅 3-5 哥德菲尔德大厦 3-6 帕克德中心

1

2

3

4-1

4-2

5-1

5-3

5-2

5-4

1 UNESCO 50 周年　2 1994.5.10 总统府　3 1995 旅游风光　4 1979.11.18 斯特林堡（南非最老的城市）300 年纪念　4-1 斯特林堡大学　4-2 热尼斯教堂　5 1986.8.14 文物修复　5-1 德诺斯特底豪夫·自由街·戈拉非·热尼特·19 世纪　5-2 进香者遗存·东方专制时期·1873　5-3 商人住宅·1893·贝勒海姆　5-4 帕里门登·1897·比特玛特茨堡

04
Oceania
大洋洲

大洋洲·澳大利亚·托克劳 Oceania · Australia and Tokelau

1-1

1-2

1-3

1-4

2

3

4-1

4-2

4-3

4-4

5-1　　　　　　　5-2　　　　　　　5-3　　　　　　　5-4　　　　　　　5-5

1 1973.10.17 建筑　1-1 国家歌剧院·悉尼　1-2 班查男旅馆·唐斯威尔　1-3 克莫大厦·墨尔本　1-4 圣詹姆士教堂·悉尼　2 1977.4.13 堪培拉议会大厦　3 1988.5.5 堪培拉议会大厦竣工　4 1992.9.17 澳大利亚西部的建筑　4-1 邮局　4-2 法院大楼　4-3 约克旅馆　4-4 市政厅　5 1988.7.30 澳大利亚200周年·悉尼（托克劳）　5-1 港里的船和建筑物　5-2 港里的船和帆船　5-3 港里的船和悉尼歌剧院　5-4 桥　5-5 悉尼北部

2-1　　　　　　　　2-2

1-1　　1-2　　　　2-3　　　　　　2-4

3-1

3-2

3-3

3-4

4　　　　　　　　　　　　　　　　　　5

1 1948.2.23 奥塔戈省中心建筑　1-1 奥塔戈大学　1-2 第一个教堂　2 1979.4.4 新西兰早期建筑艺术　2-1 伯利恒河边的农舍　2-2 魏玛特北的传道舍　2-3 艾尔姆斯圣公会教堂·塔瑞戈·1847　2-4 省议会大厦·大教堂·1859　3 1980.4.2 新西兰早期建筑艺术　3-1 伊威尔姆农舍·帕涅里·1864　3-2 绿舍尼尔逊·1855　3-3 法院·奥玛乌·1822　3-4 政府大厦·惠灵顿·1877　4 1995.2.22 新西兰杜奈丁市建筑　5 1946.4.1 惠灵顿议会大厦

大洋洲·巴布亚新几内亚 Oceania · Papua New Guinea

1 1976.6.9 住宅　1-1 热保尔　1-2 阿热米亚　1-3 泰来弗明　1-4 太皮尼　2 1971.1.27 当地住宅　2-1 东部高原的圆形住宅　2-2 米林湾住宅　2-3 布让瑞三角形住宅　2-4 西皮克式人的灵魂住宅　3 1989.5.17 茅草屋　3-1 巴克岛·1880年代　3-2 寇瑞树屋　3-3 拉文·新爱尔兰·1890年代　3-4 巴西拉基·米林湾省·1930年代

大洋洲·斐济 Oceania · Fiji

1-1

1-2

1-3

1-4

1-5

1-6

1-7

1-8

1-9

1-10

1-11

1-12

1979.7.2 斐济的建筑　1-1 老市政厅　1-2 都德莱教堂　1-3 国际电信大厦　1-4 劳图卡清真寺　1-5 邮政总局　1-6 学校　1-7 旅游局　1-8 殖民战争纪念医院　1-9 圣心大教堂　1-10 太平洋旅馆　1-11 巴克纪念堂　1-12 政府大厦

1-1

1-2

1-3

1-4

2-1

2-2

3-1

3-2

4-1

4-2

4-3

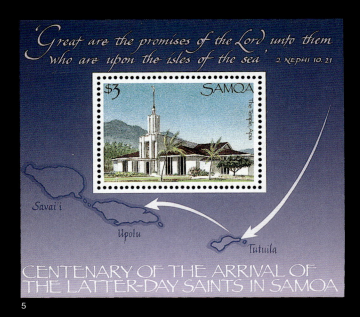
5

6

1 1988.11.14 圣延节 1-1 杰舍·阿皮的天主教堂 1-2 利奥维亚的罗马教堂 1-3 摩达的天主圣徒教堂 1-4 瓦特利玛的巴海神庙 2 旅游宾馆 2-1 阿吉斯饭店 2-2 图西塔拉饭店
3 1970.1.19 萨摩亚独立8周年纪念 3-1 教父路易斯·维奥列特和R.C大教堂 3-2 约翰·威廉姆斯（1797～1839）和伦敦传道会教堂 4 政府议会大厦 4-1 1900年的萨摩亚宫
4-2 1957年时的议会大厦 4-3 政府大楼（中国援建） 5 1988.6.9 圣徒到达萨摩亚·阿皮亚神庙 6 1962.7.2 独立日·议会大厦

America 5
美洲

1 1998 加拿大的住宅　1-1 土著人房屋　1-2 遗产保护房屋　1-3 退伍军人公寓　1-4 移民者房屋　1-5 复合单元房屋　1-6 规划的公共房屋　1-7 本地房屋　1-8 预制装配房屋　1-9 创新房屋　2 1984.9.21 灯塔　2-1 路易斯伯格·1734　2-2 菲斯卡德·1860　2-3 艾利沃特·1809　2-4 吉伯瑞尔达·鲍恩特　3 1989.5.5　3-1 多伦多的儒尼麦德图书馆　3-2 麦蒂达姆的火车站

1-1　1-3　1-4
1-2

3

2-3
2-2
2-1

4

1987 国际集邮展·多伦多　1-1 多伦多第一家邮局　1-2 尼尔逊·米让米奇邮局　1-3 圣欧文斯邮局　1-4 巴特莱夫特邮局　2 1982-1987 普票　2-1 议会图书馆　2-2 议会西楼
2-3 议会东楼·阿蒂费克特设计　3 约克托恩的法院　4 托罗的师范学校

1-1 1-2
1-3 1-4

4-1 4-2 4-3

5 6 7

8

9-1
9-2

1 1969.1.16 美国城市美化成果 1-1 更美的城市种植·首府·杜鹃花·郁金香 1-2 更美的公园种植·华盛顿纪念碑·波特马克河·水仙花 1-3 更美的高速公路种植·沿路的 罂粟花和羽扇豆 1-4 更美的街道种植·沿街盛开的山查子花 2 1948.8.25 观象台 3 1936~1937 美国西点军校 4 1950 国家首都150周年 4-1 白宫 4-2 最高法院 4-3 国会大厦 5 1983.9.14 大都会歌剧院 100 周年 6 1958.6.25 马克纳斯桥 7 1983.5.17 布鲁克林桥 8 1962.7.1 国内税收大楼 9 1974.7.4 美国 200 周年纪念 9-1 卡本特斯纪念堂 9-2 独立纪念堂

1-1 1-2
1-3 1-4

2-2 2-1   3-2 3-1
2-4 2-3   3-3 3-4

4-1 4-2
4-3 4-4

1 1981.8.28 美国建筑艺术 1-1 纽约大学图书馆·萨福德·韦特 (1853～1906) 设计 1-2 比尔特摩大厦·理查德·摩里斯·休特 (1828～1895) 设计 1-3 艺术宫·伯那德·玛依白克 (1862～1957) 设计 1-4 国家农业银行·路易斯·沙里文 (1856～1924) 设计 2 1980.10.9 美国建筑艺术 2-1 史密斯桑尼学会·詹姆士·瑞文克 (1818～1895) 设计 2-2 三位一体教堂·波士顿·亨利·豪伯逊·理查德逊 (1838～1886) 设计 2-3 宾夕法尼亚美术学院·弗兰·休尼斯 (1839～1912) 设计 2-4 里德休斯特·柏油城·纽约·亚历山大·杰克逊·达维斯 (1803～1892) 设计 3 1982.9.1 美国建筑艺术 3-1 瀑布别墅·弗兰克·劳埃德·赖特设计 3-2 伊利诺工学院·路德维希·密斯·万德罗设计 3-3 杜勒斯空港·埃罗·沙里宁设计 3-4 格罗皮乌斯住宅·沃尔特·格罗皮乌斯设计 4 1979.6.4 美国建筑艺术 4-1 弗吉尼亚圆厅·山姆尔·杰弗逊 (1743～1826) 设计 4-2 巴尔的摩教堂·本杰明·拉特惹比 (1764～1820) 设计 4-3 波士顿州政府·查尔斯·布费奇 (1763～1844) 设计 4-4 费城交易所·威廉·斯克瑞克兰德 (1788～1854) 设计

1-3　1-1
1-4　1-2

2-1　　　　　　2-2　　　　　　2-3　　　　　　2-4

3-1　　　　　　3-2　　　　　　3-3　　　　　　3-4

1 1970.10.12　百慕大议会350周年　1-1 圣乔治宫·1622~1815　1-2 法庭·汉弥尔顿·1893　1-3 第一座会议大厦　1-4 临时议会会址·汉弥尔顿·1815~1926　2 1989.9.14　百慕大图书馆150周年　2-1 汉弥尔顿主馆　2-2 桑乔治的老住宅　2-3 斯普林菲尔·索莫塞特图书馆　2-4 卡比特大厦　3 1962~1965普票　3-1 政府大厦 (1730)　3-2 殖民时期的秘书处·1833　3-3 老邮政局·1890　3-4 议会大厦·1815

1

2-1

3

2-2

2-4

2-3

2-5

4-1
4-2
4-3

4-4

1 1923 通信大楼 2 1980.3.8 16世纪的教堂 2-1 阿可尔曼教堂 2-2 阿克托帕修道院 2-3 特拉依卡帕教堂 2-4 杨会特兰教堂 2-5 阿特教堂 3 1945.7.27 路易斯·鲍托西和平剧院 4 1982.11.17 殖民时期建筑物 4-1 墨西哥城的圣·彼得和得尔学院（1576） 4-2 墨西哥城的圭苏·玛丽亚修道院（1603） 4-3 特拉马纳可小教堂（1585） 4-4 阿图潘的海达尔戈修道院（1548）

1-1

1-2

1-3

1-4

2-1

2-2

3

2-3

2-4

4-1

4-2

1 1985.12.27 殖民时期的纪念性建筑物·墨西哥城市标志 1-1 威斯卡那斯学院 1735 1-2 海尔斯和索托的宫殿 1-3 加里曼的宫殿·16世纪 1-4 圣卡洛斯科学院·16世纪 2 1980.8.23 殖民时期纪念性建筑物 2-1 阿梅卡美卡的萨克洛门特神殿 2-2 帕茨可洛的修道院 2-3 奎那瓦卡的十字架修道院 2-4 奎拉潘的教堂 3 1978.3.1 摩尔风格的喷泉 4 1985.12.15 1986世界杯足球赛·墨西哥 4-1 奥林匹克运动场 4-2 阿兹太克体育场

1 1945.1.6 扎库耶废墟　2 1945.8 国家宫　3 1964.1.15 建筑　3-1 危地马拉市政厅　3-2 社会安全学院　4 1967.8 教堂　4-1 由力达教堂　4-2 圣多明哥教堂　4-3 圣弗兰西斯教堂　4-4 丰收教堂　4-5 圣危地马拉慈善教堂　4-6 大主教堂　5 1964.1.15 国家宫殿　5-1 巴松宫　5-2 国班宫　5-3 列达宫　5-4 圣玛阁玛雅宫　5-5 前危地马拉上尉宫

1-1

1-2

1-3

2-1

2-2

2-3

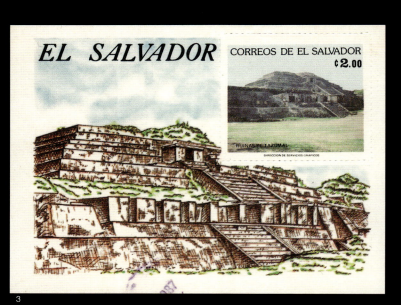
3

4

5-1

5-2

名胜　1-1 圣安德鲁斯农场的马雅金字塔　1-2 萨尔瓦多市儿童公园　1-3 市政航校与伊洛帕戈空港　2 1944.12.22　国家建筑　2-1 总统府　2-2 国家剧院　2-3 国家宫　3 塔视玛尔的马雅金字塔　4 1984.7.27　政府印刷大楼建成　5 1991.4.12　圣安娜剧院复原　5-1 外观　5-2 室内

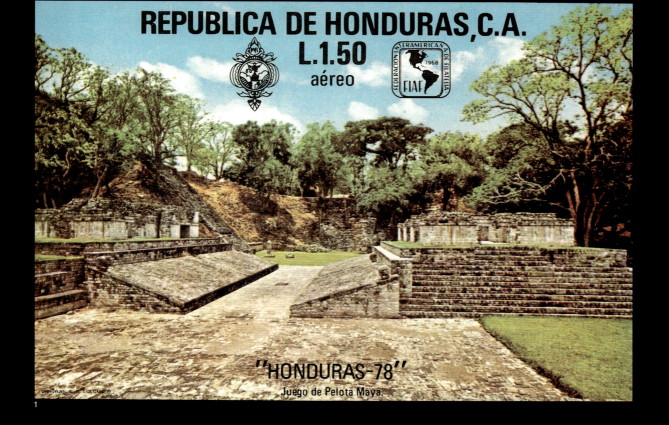

1 1978.4.28 洪都拉斯1978年集邮展览会·玛雅法庭遗址　2 1988.2.10 大西洋银行建行75周年·主要办事处　2-1 拉·塞巴·亚特兰大·1913　2-2 泰古西加尔波·1988　3 1990.9.28 路易斯·博格兰技术学院100周年

美洲·尼加拉瓜 America·Nicaragua

2-1

2-2

2-3

2-4

1 1947.1.10 马那瓜城百年纪念　1-1 首都大教堂　1-2 卫生大楼　1-3 市政府大楼　1-4 邮政总局　1-5 旅游学校　1-6 国家银行　1-7 国家宫　2 1983.3.25 各种纪念碑和教堂　2-1 抵抗运动26周年·萨波达瓦的教堂　2-2 拉·伊玛古拉特要塞·热奥·圣·江　2-3 拉·热克林新教堂·列昂　2-4 热本·达诺纪念碑·马那瓜

1-1

1-2

1-3

1-4

1-5

1-6

2-1

2-2

2-3

2-4

2-5

7.11.7 历史建筑 1-1 皇家军队要塞 1-2 伊兹那格塔·特瑞尼达德 1-3 安格尔斯的圣母要塞 1-4 圣弗兰西斯德保尔教堂·哈瓦那 1-5 圣弗兰西斯修道院 1-6 狄尔·莫诺要塞地亚哥·德·古巴 2 1991.8.4 11届泛美运动会 2-1 哈瓦那体育中心 2-2 泛美运动场 2-3 游泳馆 2-4 多种比赛中心 2-5 赛车场

| 1-1 | 1-3 |
| 1-2 | 1-4 |

2-1

2-2

2-3

3-1

3-2

3-3

3-4

3-5

新政府大厦 1-1~1-2 法院大楼 1-3~1-4 税务大楼 2 1974.5.1 学校 2-1 单室学校 2-2 新的综合学校 2-3 创造性艺术中心 3 1989.10.18 国家旅游标志与
3-1 巴顿大厦 3-2 市政厅 3-3 老法院 3-4 艾尔摩斯纪念教堂 3-5 邮局

1-1

1-2

1-3

1-4

2

3-1

3-2

3-3

3-4

4

5

1 1984.4.6 历史建筑 1-1 19世纪中叶建筑 1-2 19世纪晚期殖民地建筑 1-3 1906年地震后仅存建筑 1-4 20世纪早期木教堂 2 1938—1948 政府大厦 3 建筑遗产（巴哈马）
3-1 那索公共图书馆 3-2 圣马丁教堂 3-3 政府大厦 3-4 隐修者住宅·卡特岛 4 1983.9.28 阿尔顿·劳的油画（巴哈马）·新普斯蒂茨旅馆 5 1979.9.27 巴哈马议会250周年·议会建筑

美洲·特立尼达·多巴哥 America·Trinidad and Tobago

1

2-1

2-2

3

4-1

4-2

5

6-1

6-2

6-3

6-4

6-5

1 1938–1941 普票·国会大厦 2 1973.10.8~20 第2届全国邮政管理会·特里尼达 2-1 邮政总局·西班牙港 2-2 会堂和会旗·查加梅斯 3 1977.7.26 "红屋"国会大厦 4 1962.8.31 国家独立 4-1 伊丽莎白二世和新的航空港 4-2 伊丽莎白二世和西尔顿饭店 5 1983.9.19 全国财政会议·财政部大楼 6 1978.1.17 风光 6-1 鲁宾逊漂流旅馆（多巴哥） 6-2 海龟海滩旅馆（多巴哥） 6-3 艾瑞山海滩旅馆（多巴哥） 6-4 艾瑞山海滩（多巴哥） 6-5 假日国际饭店（特立尼达）

1 1976.7.2 哥伦比亚的城市 1-1 首都波哥大城 1-2 巴兰圭拉城 1-3 卡里城 1-4 麦德林城 2 1950.8.22 圣多明格邮局 3 1958.6.20 奈里诺的岩石圣堂 4 1959 波哥大的议会大厦 5 1980.9.19 奈里诺宫（前总统府） 6 1981.6.9 波哥大圣玛丽亚斗牛场50周年 7 1977.10.14 哥伦比亚工程师学会90周年·CUDE COM大楼·波哥大

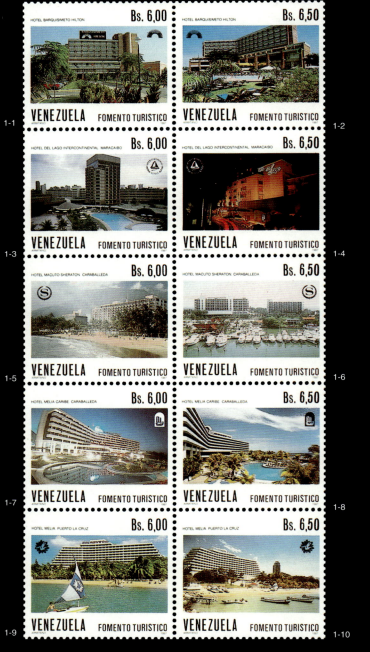

1-1

1-2

1-3

1-4

1-5

1-6

1-1

2-1

2-2

2-3

1-2

2-4

2-5

2-6

3-1 3-2
3-3 3-4

4-1

4-2

4-3

1 1966.3.9 帕热玛伯总医院落成　1-1 总医院　1-2 医院侧影　2 1991.5.15　建筑　2-1 水边仓库　2-2 高级住宅　2-3 工人枥疫楼　2-4 农场管理人住宅　2-5 劳动部门　2-6 小住宅
3 1980.11.24　教区教堂·金斯顿（牙买加）　3-1 肯思顿教堂　3-2 考克纪念教堂　3-3 热德默教堂　3-4 三圣教堂　4 1964.10.16 第10届国民议会（牙买加）　4-1 高登大厦　4-2 总部大厦　4-3 会议楼·西班牙城

1 1979.12.26 厄瓜多尔建工学院建成·CIESPAL 大厦·基多 2 1975.2.4 拱廊 3 1985 广场雕像 4 1960.8.8 第11届美洲会议·基多 4-1 基多旅馆 4-2 天主教大学宿舍 中大学宿舍 4-4 立法部 4-5 外交部 4-6 担保银行 4-7 通基多的架空路 4-8 空港·基多 4-9 政府大楼

1

2

3

4-1

4-2

4-3

6

5

7-1

7-2

1 1960.4.21 巴西里亚议会大厦草图 2 1958.7.24 第47届议会联席会·会议大厦 3 1976.4.20 巴西利亚外交部大楼（奥斯卡·尼迈耶设计） 4 1988.5.6 列入联合国世界遗产名录 4-1 巴西利亚城 4-2 萨尔瓦多历史街区 4-3 马托西豪斯耶稣教堂 5 1988.10.5 议会大厦 6 1985.8.14 革命（油画） 7 1985.8.11 博物馆 7-1 思考菲登西亚博物馆 7-2 历史与外交博物馆

1 1978.6.22 邮电大楼 2 1992.1.12 教堂 2-1 耶稣教堂·热奥里加 2-2 第一个洗礼堂·尼特奥 3 1977.12.8 巴西建筑艺术 3-1 圣卡斯木和德米奥教堂 3-2 圣宾托·马那林特堂 3-3 圣弗兰西斯教堂 3-4 圣安东尼教堂 4 1993.8.3 巴西邮政330周年·邮政建筑 4-1 帝国邮政·热奥德加 4-2 别热德鲍里斯邮局 4-3 中心邮局·热奥加 4-4 尼特邮局

1-1

1-2

2

3-1

3-2

3-3

3-4

4-1

4-2

5-1

5-2

5-3　5-4

5-5

1 1986.12.13 市政厅　1-1 热奥·卡瑞多市政厅　1-2 市政厅入口　2 1978/78世界杯足球赛体育场　3 1982.9.18 东北部的礼拜堂与教堂　3-1 圣母教堂·克瑞登斯　3-2 热赛斯登斯大教堂·卡可　3-3 福摩斯大教堂　3-4 圣伊格那底礼拜堂·米希昂　4 1988.4.9 阿尔它·格拉西亚和考仁特市400周年　4-1 阿尔它·格拉西亚教堂　4-2 圣安尼小教堂·考仁特　5 1986.4.16 布宜诺斯艾里斯的建筑艺术　5-1 民俗大楼·学院派建筑·1900～1915　5-2 勃兰克博物馆·建筑师马丁·诺尔住宅·1910～1930复建　5-3 阿瓦尼街上的房屋·纽维奥设计·1900～1910　5-4 范伦泰·阿尔大厦·意大利时期·1860～1870　5-5 坡瑞多街上的住宅·受法国影响·1800～1900

Architects Represented in stamps 6
邮票上的建筑师

邮票上的建筑师 · 建筑师学术组织 · 意大利建筑师　Architects Represented in stamps · Academic Organizations of Architects and Architects of Italy

1 1937.6.16 全苏第一届建筑师会议（苏联） 2 1989.5.30－6.2 第26届世界景观建筑师联合会国际会议（菲律宾） 3 1937.2.23 美国建筑师学会百年纪念（美国）·科林斯柱头与马斯若姆柱头和柱身的形式 4 1992.4.28 建筑家协会成立150周年（荷兰） 4-1 平面组合建筑图 4-2 议会大厦新厅 5 1983.2.8 包豪斯建筑美术学院创始人 W·格罗皮乌斯诞生100周年（德国） 5-1 《光·空间·调制品》 L·莫霍利－纳西绘 5-2 《圣殿》J·阿尔贝斯绘 5-3 《包豪斯文献馆》W·格罗皮乌斯 6 1975.2.27 意大利文艺复兴时期的雕塑家、画家、建筑师和诗人米开朗基罗诞生500周年（苏联）·米开朗基罗《自画像》，现存巴黎卢浮宫，纸边是米开朗基罗（1475－1564）为罗马西斯廷教堂的彩画天花板所绘的草图

1 1952.2.1 卡塞塔宫奠基200周年·那不勒斯的卡塞塔宫·《太阳神和仙女雕塑》·纪念建筑师卢伊季·范维特里 2 1973.3.31 卡塞塔王宫的阶梯·建筑师卢伊季·范维特里逝世200周年 3 1973.9.21 法纳赛宫·皮亚察·建筑师维尼奥拉逝世400周年（1507~1573） 4 1973.5.30 建筑师帕拉第奥建于1553年的维琴察圆厅别墅 5 1966.10.20 壁画《昂萨蒂圣》（绘于1310年佛罗伦萨）·画家·雕刻家·建筑师乔托诞生700周年（1266~1337） 6 1970.9.26 威尼斯圣马可广场钟塔的凉廊·建筑师雅可波·塔蒂（1486~1570） 7 1971.4.2 勃拉芒特圣堂·建筑师勃拉芒特（1444~1514） 8 1966.9.24 雕塑家多那太罗逝世500周年·多那太罗（1386~1466）所作的《歌唱天使》（帕多瓦圣安东尼奥大教堂的祭坛浮雕） 9 1967 建筑师博罗米尼逝世300年（1599~1667）·罗马的圣伊沃教堂 10 1971.3.20 基座上的墨丘利神像（佛罗伦萨旧宫侧翼的兰齐走廊）·雕塑家和作家切利尼逝世400周年（1500~1571） 11 1974.12.21 乌菲齐美术馆·佛罗伦萨·建筑师乔吉奥·瓦萨利逝世400周年（1511~1574）

邮票上的建筑师 · 意大利 · 梵蒂冈 · 匈牙利建筑师　Architects Represented in stamps · Architects of Italy, Vatican and Hungary

1-1

1-2

2

3

4

7

5

6

8-1

8-2

8-3

8-4

9-1

9-1

9-3

1 1973.11.5 艺术家　1-1 钢板雕刻画家·考古学家和建筑师巴蒂斯塔·皮拉内西（1720～1778）　1-2 雕刻家·画家安德列亚·德尔维罗基奥（1436～1488）2 1974.5.25　建筑师弗朗切斯科·博多米尼（1599～1667）3 1945.5.25　画家·建筑师拉斐尔（1483～1520）4 1976.11.2　艺术家·雕刻家·金饰匠·画家季培尔底（1378～1455）5 1979.4.23　建筑技师卡洛·马德诺（1556～1629）6 1977.6.27　艺术家·建筑师·雕刻家菲利波·布鲁内莱斯基（1377～1466）7 1964.5.31　建筑师M·雅布尔诞生150周年（匈牙利）·雅布尔（1814～1891）和布达佩斯歌剧院　8 1980.10.16　意大利雕刻家·建筑师·画家贝尔尼尼逝世300周年（梵蒂冈）　8-1 有三边回廊的圣彼得广场的设计图　8-2 贝尔尼尼（1598～1680）与圣彼得大教堂主顶　8-3 圣彼得大教堂内有铜饰的主教圣座　8-4 阿波斯托里宫的楼梯　9 1972.2.22 纪念建筑师伯拉芒特（梵蒂冈）　9-1 伯拉芒特为圣彼得教堂的圆屋顶设计的工艺草图　9-2 伯拉芒特（1444～1514）9-3 为伯拉维德教堂设计的螺旋形楼梯草图

邮票上的建筑师·德国建筑师 Architects Represented in stamps · Architects of Germany

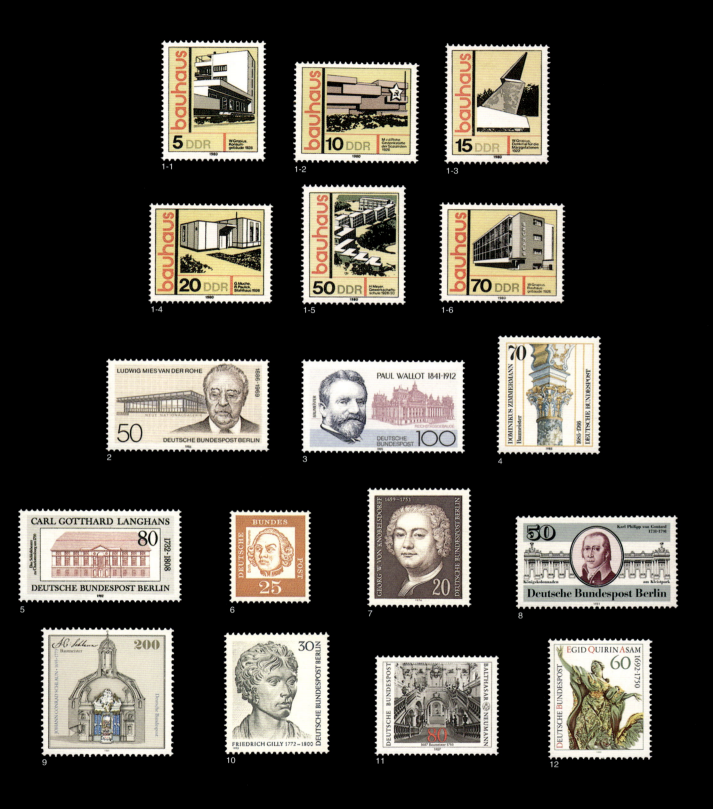

1 1980.5.27 德国学院派建筑（1911～1933） 1-1 哈勒区德绍百货大楼·1928 1-2 柏林·弗里德里希·弗尔德的社会主义纪念馆·1926 1-3 魏玛二月烈士纪念碑·1922 1-4 德绍的钢结构房屋·1926 1-5 伯尔瑙工会学校·1928·梅耶设计 1-6 包豪斯大楼·1926年·格罗皮乌斯设计 2 1986.2.13 建筑师密斯·范·德·罗（1886～1969）诞生100周年·柏林新国家画廊（德国） 3 1991.6.4 建筑师保尔·瓦洛特（1841～1912）诞生150周年·柏林德国国会大厦（德国） 4 1985.5.7 建筑师多米尼库斯·齐默尔曼（1685～1766）诞生300周年·威斯教堂圣台的柱头（德国） 5 1982.11.10 建筑师朗根汉斯（1732～1808）诞生250周年·柏林夏洛特宫剧院草图（德国） 6 1961.6.15 德国名人·建筑师巴尔特萨尔·诺伊曼（德国） 7 1974.2.15 建筑师克诺贝斯多夫（1699～1753）诞生275周年（曼约克绘）（德国） 8 1981.1.15 建筑师冈塔特（1731～1791）诞生250周年·克雷斯特公园柱廊（德国） 9 1995.4.6 建筑师克劳恩（1695～1773）诞生300周年（德国） 10 1972 建筑师弗瑞德里希·吉利（1772～1800）诞生200周年 11 1987.1.15 巴洛克式建筑师诺伊曼（1687～1757）诞生300周年·维尔茨堡大主教住宅的楼梯（德国） 12 1992.8.13 雕塑家·建筑师 E.阿萨姆诞生300周年·E.阿萨姆（1692～1750）设计的罗尔教堂雕像

邮票上的建筑师·美国·爱尔兰·法国建筑师 Architects Represented in stamps · Architects of U. S. A., Ireland and France

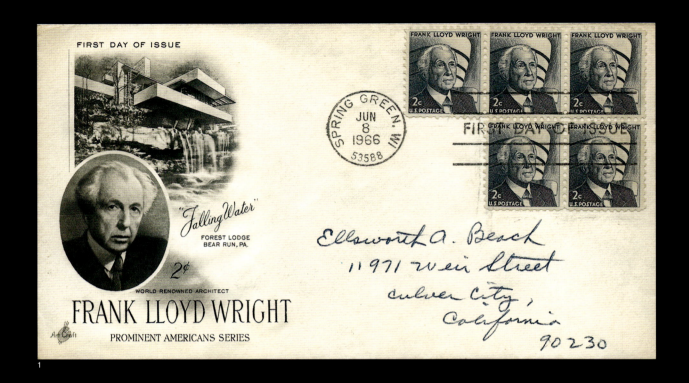
1

2

3-1

3-2

4

5

6-1

6-2

7

1 1965–1978 杰出美国人 弗兰克·劳埃德·赖特（1867–1959），封片背景为瀑布别墅 邮票背景为古根海姆博物馆　2 1965–1978 杰出美国人·山姆斯·杰弗逊　3 1981.10.13 设计白宫的建筑师（爱尔兰裔英藉）詹姆斯·豪本（1762–1831）（美国）　4 1985.7.18 自由女神的雕刻家 F·A·巴托尔迪（1834–1904）　5 1944.7.31 17世纪名人（法国）·建筑师于勒·阿尔昂（阿杜昂·芒萨尔）(1644–1708)　6 1970 名人（法国）　6-1 建筑师路易斯·勒沃（1612–1670）　6-2 建筑家菲力尔·德·洛姆（1515–1570）　7 1959.6.13 名人（法国）·雕刻家弗雷德里克·奥古斯·巴托尔迪（1834–1904）

邮票上的建筑师・法国・摩纳哥・瑞士・荷兰・英国・捷克・斯洛伐克建筑师 Architects Represented in stamps · Architects of France, Monaco, Switzerland, Netherlands, Britain and Czechoslovakia

1

2

3

4

5

6

7

8

9-1　9-2

10

9-3　9-4

11-1

11-2

1 1966 名人（法国）·建筑学家弗朗索瓦·芒萨尔（1598～1666）及巴黎卡纳瓦莱大厦　2 1980.3.15　名人（法国）·建筑学家维奥莱·勒·迪克（1814～1879）　3 1982 名人（法国）·工程师古斯塔夫·埃菲尔（1832～1923）　4 1981.3.10 文化名人（捷克）·建筑师 J·赫拉夫卡（1831～1908）　5 1983 名人（法国）·建筑师雅克·里热·加布里埃尔（1698～1782）　6 1987.11.16 伟人（摩纳哥）·作家·建筑师勒·柯布西耶和朗香教堂　7 1972.9.21 名人（瑞士）·建筑师勒·柯布西耶（1887～1965）　8 1973 名人（法国）·建筑学家托尼·加布里埃（1869～1948）　9 1973.8.15 建筑师和设计家 I·琼斯诞生400周年·I·琼斯（1573～1652）英国画家和建筑设计师·建筑古典学派奠基人　9-1 琼斯设计的宫廷假日舞会服装　9-2 伦敦圣保罗教堂的科文特花园　9-3 新马尔凯特的寝宫　9-4 宫廷戏剧舞台布景　10 1941.5.29 文化和社会救济金·建筑师琼·鲍斯勃姆（1817～1891）（荷兰）　11 1993.5.5 欧罗巴·现代建筑 11-1 梅迪亚大厦·韦勒巴尼设计（法国）　11-2 家·博塔设计（瑞士）

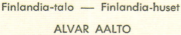

1

2-1

2-2

2-3

3-1

3-2

3-3

1 1976.11.4　建筑师阿尔瓦·阿尔托（1898～1976）（芬兰）　A·阿尔托设计的芬兰大厅·赫尔辛基　2 1973.1.29　名人（西班牙）　2-1 建筑师埃雷拉（1530～1597）·埃斯克里亚尔修道院　2-2 建筑师比利亚努埃巴（1739～1811）·普拉多博物馆　2-3 建筑师罗德里格斯（1717～1785）·马德里阿波罗喷泉　3 1975.2.25　名人·建筑师（西班牙）　3-1 高迪（1852～1926）·巴塞罗那·米拉公寓　3-2 安东尼·帕拉西奥斯　3-3 赛克丁·苏亚索

邮票上的建筑师·奥地利·比利时建筑师 Architects Represented in stamps · Architects of Austria and Belgium

1

2-1

2-2

2-3

3

4

5

6

7

8

9

10

11

12-1

12-2

12-3

1 1956.7.2 建筑师·雕刻家冯·埃丁立赫（1656～1723）诞辰300周年（自画像）（奥地利） 2 1991.2.8 造型艺术 2-1 维也纳多纳喷泉·雕刻家G·R多纳多（1693～1741） 2-2 维也纳地铁"卡尔广场"站建筑·建筑师奥托·瓦格纳（1841～1918） 2-3 维也纳证券交易所·建筑师奥赫尔·冯·汉森（1813～1891） 3 1960.7.16 建筑师雅各布·普兰陶尔（1660～1726）诞辰300周年（奥地利）·背景为梅奈克修道院 4 1968.4.17 建筑师·规划师西特诞辰125周年（1843～1903）（奥地利） 5 1983.7.20 建筑师哈森奥尔（1833～1894）诞辰150周年（奥地利） 6 1986.3.27 建筑师克莱门斯·霍尔茨迈斯特尔（1886～1983）诞辰100周年（奥地利） 7 1963.11.16 建筑师亨利范德·韦尔德（1863～1957）诞生100周年（比利时）·根特大学图书馆 8 1962.2.15 建筑师巴龙·维克多·奥太（1861～1947）博物馆·圣吉尔市 9 1984.1.5 雕刻家安东·哈纳克逝世50周年（奥地利） 10 1989.4.26 巴洛克风格建筑大师迈克尔·普朗纳逝世250周年·三圣教堂（奥地利） 11 1966.5.6 建筑师约瑟夫·霍夫曼（1870～1956）逝世10周年（奥地利） 12 1965.6.21 约瑟夫·霍夫曼（1870～1956）的作品（奥地利） 12-1 斯托克勒特饭店外景 12-2 饭店内景 12-3 饭店外景

邮票上的建筑师·前苏联·俄罗斯·澳大利亚·尼泊尔·土耳其·中国建筑师 Architects Represented in stamps · Architects of former U. S. S. R., Russia, Australia, Nepal, Turkey and China

1

2

3-1

3-2

4

5

6

7

8

9

10

11

12

13

1 1960 俄国建筑师沃罗尼辛诞辰200周年 2 1989 苏联雕塑家穆希娜 3 1948 俄国建筑师斯塔索夫逝世100周年 4 1949 俄国建筑师斯梅尔金诞辰150周年 5 1961 俄国建筑师马扎哈罗夫诞辰200周年 6 1994 莫斯科红门·建筑师乌赫托姆斯基（1719～1774） 7 1994 彼得堡科学院·建筑师克瓦尔基（1744～1817） 8 1994 彼得堡特罗依斯基教堂·建筑师斯塔索夫（1788～1848） 9 1994 莫斯科斯巴斯盖里教堂·建筑师多恩（1794～1881） 10 1963.3.8 美国建筑师格里芬·堪培拉市总体规划设计师·堪培拉市设市50周年 11 1972.4.13 杰出的工艺家阿尼哥·348年阿尼哥主持建造的北京妙应寺白塔（尼泊尔） 12 1957.10.18 伊斯坦布尔市苏里曼尼耶清真寺400周年（土耳其）·建筑家锡南（1489～1587） 13 1992.11.20 中国现代科学家·建筑学家梁思成（1901～1972）

174

International Year of Shelter For The Homeless (1987)
世界住房年（1987）

世界住房年（1987） International Year of Shelter For The Homeless (1987)

1-1

1-2

1-3

1-4

2-1

2-2

3

4

5

1-1～1-4・2-1～2-2 1987.3.13 国际住房年（联合国）・强调世界人口增长问题的重要性・号召重视人口问题及其发展趋势　3 1987.8.20 国际住房年（中国）　4 1987 国际住房年（孟加拉）・怀抱婴儿的母亲・新建住宅　5 1987.12.15 国际住房年（巴基斯坦）・人和住房

世界住房年（1987） International Year of Shelter For The Homeless (1987)

1

2-1

2-2

2-3

3

4

5

6-1

6-2

7

1 1987.2.4 国际住房年（土耳其）　2-1、2-3 1987.11.28 国际住房年（文莱）·各种住宅　3 1988.10.18 国际住房日（叙利亚）·窝棚与新住房　4 1987.1.1 国际住房年（斯里兰卡）·住房前的一家人　5 1987.2.10 国际住房年（荷兰）　6-1、6-2 1987 国际住房年（苏里南）　7 1987 国际住房年（加蓬）

世界住房年（1987） International Year of Shelter For The Homeless (1987)

1-1

1-2

1-3

1-4

2-1

2-2

3

4-1

4-2

1-1～1-4 1987 国际住房年（埃塞俄比亚） 2-1～2-2 国际住房年（尼日利亚） 3 1987 国际住房年（埃及） 4 1987.7.20 国际住房年（斐济） 4-1 住户自住的简易住宅 4-2 政府支持的买房计划

Europa (1987)
欧罗巴（1987）

2-1

2-2

3-1

3-2

4-1

4-2

4-3

4-4

1 1987.5.5 欧罗巴·现代建筑（葡萄牙）·博尔赫斯银行·孔迪 2 1987.5.11 欧罗巴·现代建筑（塞浦路斯） 2-1 塞浦路斯中心银行 2-2 塞浦路斯交通局 3 1987.5.4 欧罗巴·现代建筑（卢森堡） 3-1 欧洲法院和亨利·摩尔（1898－1986）抽象雕塑 3-2 国家水上运动中心 4 1987.5.12 欧罗巴·现代建筑（英国） 4-1 威利斯总部建筑·1974年建·英格兰伊普斯威奇（N·福斯特设计） 4-2 国立蓬皮杜艺术与文化中心（1972－1977）·法国巴黎 （L·罗杰斯和 L·皮亚诺设计） 4-3 国家艺术馆·联邦德国（1985）·斯图加特（M·维尔福德和 J·斯特林设计） 4-4 欧洲投资银行·卢森堡（德尼斯·拉斯邓恩设计）

1

2-1

2-2

3-1

3-2

4-1

4-2

1 1987.5.5 欧罗巴·现代建筑(葡萄牙亚速尔岛)·丰沙尔社会服务中心   2 1987.5.14 欧罗巴·现代建筑(爱尔兰)   2-1 都柏林·"Bord na Mona"总部建筑·艺术雕刻·雕塑师约翰·贝汉   2-2 圣玛丽亚教堂和爱尔兰康德的罗巴教堂遗址   3 1987.4.6 欧罗巴·现代建筑(法罗)   3-1 "北方之家"·建筑师欧拉·斯蒂恩和柯尔布鲁恩·莱格那斯多迪尔   3-2 内景
4 1987.5.14 欧罗巴·现代建筑(瑞典)   4-1 书城·斯德哥尔摩·建筑师G.阿斯普隆特   4-2 马卡斯教堂·斯德哥尔摩·建筑师S.雷威伦茨

1-1　　　　　　　　　　　　　1-2

1-3　　　　　　　　　　　　　1-4

2-1　　2-2　　　　　2-3　　2-4

3-1　　　　　　　3-2　　　　　　　3-3

1 1987.4.29 欧罗巴·现代建筑（英国马恩） 1-1 道格拉斯港口服务大楼　1-2 道格拉斯港口救护塔　1-3 道格拉斯的欢乐剧场　1-4 道格拉斯的玛丽娜别墅　2 1987.5.5 欧罗巴·现代建筑（英·格恩济）·圣比得港　2-1 邮政总局　2-2 邮政总局　2-3 小学　2-4 小学　3 1987.4.23 欧罗巴·现代建筑（英·泽西）　3-1 圣玛丽亚和彼得天主教堂　3-2 圣布雷拉达的德弗罗别墅　3-3 圣海里尔的福特·雷根特休养和旅游中心

欧罗巴（1987） Europa (1987)

1-1

1-2

2-1

2-2

3-1

3-2

4-1

4-2

5-1

5-2

6

7-1

7-2

8-1

8-2

1 1987.5.4 欧罗巴·现代建筑（丹麦） 1-1 根措夫特中央图书馆 1-2 措斯楚斯高等学校 2 1987.5.4 欧罗巴·近代建筑（西班牙） 2-1 马德里比尔巴银行（建筑师 J·S·德·奥依孔） 2-2 罗巴梅利达传统艺术博物馆（建筑师 R·莫奈奥） 3 1987.4.23 欧罗巴·现代建筑（摩纳哥） 3-1 路易二世新体育场外景 3-2 阿贝尔亲王奥林匹克游泳馆 4 1987.5.15 欧罗巴·现代建筑 4-1 梅尔泰格尔教堂内景 4-2 外景 5 1987.4.25 欧罗巴·现代建筑（法国） 5-1 布诺纳的金属结构房子 5-2 巴黎16区内的马耶·斯坦劳街 6 1987.4.6 欧罗巴·现代建筑及欧洲文化节（奥地利） 7 1987.5.2 欧罗巴 7-1 新教堂 7-2 普莱塔街景 8 1987.4.15 欧罗巴·现代建筑（马耳他） 8-1 阿奎登·里度海滨度假俱乐部建筑 8-2 马尼卡诺的圣约瑟教堂

1-1

1-2

2-1

2-2

3-1

4-1

4-2

5-2

6-1

6-2

7-1

7-2

8-1

8-2

1 1987.5.4 欧罗巴·现代建筑（意大利） 1-1 佛罗伦萨的太阳高速公路教堂（米开户契设计） 1-2 罗马火车站（奈尔维设计） 2 1987.3.9 欧罗巴·现代建筑（列支敦士登） 2-1 小学校·1980·盖姆坡林 2-2 教区教堂·1960 斯克林勃格 3 1987.2.17 欧罗巴·现代建筑（直布罗陀） 3-1 内普图恩宫 3-2 海洋饭店 4 1987.4.3 欧罗巴·近代建筑（挪威） 4-1 木结构民居 4-2 玻璃及砖结构楼房 5 1987.5.15 欧罗巴·现代建筑（芬兰） 5-1 坦佩雷市新建图书馆·1986·拉利·佩迪拉设计 5-2 赫尔辛基的"斯托阿"纪念碑·1981·Ⅱ·西林作 6 1987.5.9 欧罗巴·近代建筑（比利时） 6-1 新勒芬教堂·建筑师让·科塞 6-2 勒芬·圣多示滕斯达尔大楼·建筑师R·布拉姆·J·德·摩尔和G·莫尔克尔克 7 1987.5.5 欧罗巴·现代建筑（德国） 7-1 巴塞罗那世界博览会德国馆·1928·建筑师密斯·范德罗 7-2 汉堡克尔市兰特大桥·1974 8 1987.5.12 欧罗巴·现代建筑（荷兰） 8-1 斯海弗宁节舞剧院·建筑师库尔哈斯 8-2 阿姆斯特丹·蒙德索里学校·建筑师赫兹伯格尔

Year of the Protection of Architectural Heritage in Europe (1975) 9
欧洲建筑遗产保护年（1975）

1 1975.12.17 欧洲建筑遗产保护年（保加利亚）·地质博物馆·普罗夫迪夫   2 1975.7.15 欧洲建筑遗产保护年（德国）   2-1 阿尔弗尔德集市广场和市政府   2-2 克桑滕全景   2-3 西贝特钟楼·利博尔策尔门   2-4 罗腾堡广场和市政厅   3 1975.12.10 欧洲建筑遗产保护年（南斯拉夫）   3-1 迪欧克莱蒂安宫·斯普里特 3 世纪   3-2 奥赫里德民居·19 世纪   3-3 格拉恰尼卡宫·科索沃·14 世纪   4 1975.6.13 欧洲建筑保护年（瑞典）   4-1 斯堪莱法的教堂·17 世纪   4-2 恩盖尔斯贝格铁厂·18 世纪   4-3 维斯比火药库·中世纪   4-4 法鲁纳铜矿·1852   4-5 罗梅里特军官餐厅·1798

欧洲建筑遗产保护年（1975） Year of the Protection of Architectural Heritage in Europe (1975)

1-1

1-2

1-3

2-1

2-2

2-3

2-4

3

4-1

4-2

5-1

5-2

5-3

6-1

6-2

6-3

6-4

1 1975.6.19 欧洲建筑遗产保护年（丹麦） 1-1 友爱会教堂·克里斯蒂安斯费尔德 1-2 康斯加特庄园·莱尼 1-3 安娜皇后街·赫尔辛格 2 1975.3.10 欧洲建筑遗产保护（卢森堡） 2-1 卢森堡鱼市 2-2 布林斯特城堡 2-3 埃特赫那赫集市广场 2-4 梅尔希圣·麦克尔广场 3 1975.5.13 欧洲建筑保护年（摩纳哥）·索贝别墅（蒙特卡洛国家博物馆） 4 1975.10.6 欧洲建筑遗产保护年（爱尔兰） 4-1 科克市·圣安斯·丘奇的钟塔 4-2 蒂雷里郡的霍利克罗斯寺院内部 5 1975.4.17 欧洲遗产年（挪威） 5-1 罗弗敦群岛的渔港 5-2 斯塔万格的街市 5-3 勒罗斯城钟楼 6 1975.9.4 欧洲建筑遗产年（列支敦士登） 6-1 圣·马格尔建筑 6-2 瓦杜兹的红房子·14世纪 6-3 埃申的牧师住宅·14世纪 6-4 巴尔策斯的古腾贝格城堡

1-1

1-2

1-3

1-4

1-5

1-6

2-1

2-2

2-5

2-3

2-4

3-1

3-2

3-3

1 1975.5.22 欧洲建筑艺术遗产保护年（梵蒂冈） 1-1 圣彼得广场的喷泉 1-2 圣马瑟广场喷泉 1-3 圣埃斯蒂利亚教堂喷泉 1-4 贝尔维代尔庭院喷泉 1-5 科学院卡吉诺喷泉 拉一加利亚喷泉 2 1975.4.23 欧洲建筑遗产年（英国） 2-1 街道·切斯特中世纪商业街 2-2 查洛特广场·爱丁堡 2-3 格林威治·皇家天文台 2-4 圣乔治礼拜寺·温莎 2 大剧院·伦敦 3 1975.5.10 欧洲名胜古迹保护年（比利时） 3-1 布鲁日圣杨斯医院 3-2 那慕尔圣罗卜教堂 3-3 布鲁塞尔殉教者广场

UNESCO-protected Mankind's Cultural Heritage Sites 10
联合国人类文化遗产保护

联合国人类文化遗产保护 UNESCO-protected Mankind's Cultural Heritage Sites

1-1

1-2

1-3

2-3

2-1

2-2

2-4

2-5

3-1

3-2

3-3

3-4

3-5

1 1980.11.17 联合国人类文化遗产 1-1 奴隶住宅·塞内加尔 1-2 孟恒乔—达诺地穴·巴基斯坦 1-3 桑斯·苏西宫·海地 2 1981~1982 联合国人类文化遗产 2-1 建筑物·菲兹·摩洛哥 2-2 坐佛·尚宏达·泰国 2-3 圣·埃尔姆城堡·马耳他 2-4 休意·越南 2-5 米哈教堂遗址·巴西 3 1983~1984 联合国人类文化遗产·建筑物 3-1 教堂·拉里拜拉·埃塞俄比亚 3-2 清真寺·新桂提·毛里塔尼亚 3-3 圣地·也门 3-4 院墙·土耳其伊斯坦布尔 3-5 教堂·科多·南斯拉夫

联合国人类文化遗产保护 UNESCO-protected Mankind's Cultural Heritage Sites

1-1

1-2

1-3

2-1

2-2

3-1

3-2

4-1

4-2

5-1

5-2

6-1

6-2

1 1985 联合国人类文化遗产　1-1 罗马剧场和女人站立雕像·卡桑哲·突尼斯　1-2 老城清真寺与生铁栏杆·古巴哈瓦那　1-3 阿纽让汉普瑞神庙和基座上两个女人浮雕·斯里兰卡　2 1986.12.6 联合国人类文化遗产　2-1 梯卡尔庙·危地马拉　2-2 巴格哈特清真寺·孟加拉　3 1987.12.5 联合国人类文化遗产　3-1 帕提农神庙·雅典　3-2 菲拉神庙·埃及　4 1990.4.7 文化遗产　4-1 圣弗兰西斯柯·利马·秘鲁　4-2 辛贝姆·也门　5 1991.11.23 塔庙·尼泊尔　5-1 塔庙尼泊尔　5-2 哈特城堡·阿富汗　6 1993.10.23 联合国人类文化遗产　6-1 吴哥窟·柬埔寨　6-2 塔西里·恩·阿者公园·阿尔及利亚

编 后 记

读者乃是评价一本书真实价值的最好标尺。当各位翻阅这本《世界建筑艺术邮票集萃》时，便将测定出该书是否实现了我们的初衷：期望通过丰富多采的世界建筑艺术邮票，加强各国同行、同好之间的理解、交流和友谊，欢庆和纪念'99世界建筑师大会和'99万国邮联大会在北京隆重召开，为促进世界范围内建筑文化、集邮文化的繁荣昌盛做一点推波助澜的工作。

大概因为该书是国内"第一本"或"第一次"编就的建筑邮票集，编时感到格外困难而编就则觉得珍贵。我一再体会到我对此事的力不从心，悔不该当初贸然地答应了中国建筑工业出版社两位老总朱象清先生、王伯扬先生的盛情邀请，以致于骑虎难下。为弥补我集邮基本常识的不足，常常要请教集邮专家陈杰先生，求助于北京图书馆和集邮杂志，求助于中国建筑工业出版社的白玉美小姐、赵子宽先生、朱筠小姐和多语种的翻译界朋友……，这里要向他们表示衷心的谢意。特别是中国建筑学会副理事长、本届世界建筑师大会科学委员会主席、中国科学院和中国工程院院士吴良镛教授，在百忙之中特为本书题词添彩，使我们受到极大鼓励和教益。这里，再次向吴教授致谢。

因为本书是迎接世界建筑师大会的专书，我们专门编了"邮票上的建筑师"一章，收入了以文艺复兴"三杰"（米开朗基罗、拉斐尔、达·芬奇）等为代表的古代和近现代的建筑师68位。其中有3位亚洲建筑师——中国的梁思成（1901～1972）、土耳其的米玛·寇萨西奈和尼泊尔的阿尼哥。无疑，世界各国的建筑艺术邮票与直接表现建筑师的邮票，从一个角度显示了中国和世界各国建筑业、建筑界、建筑科学、建筑文物以及城市规划建设等方面的历史和现状，具有一定的艺术鉴赏、珍藏、借鉴价值，以及普及建筑文化、建筑科技的作用。本书如果能得到读者诸君的喜爱，也算是尽了编者的一点心意。

《中国大百科全书》（1988年版），曾收入了15位中国建筑师和1个宫廷建筑匠师家族：鲁班（春秋时鲁国人）、阎立德（？～656，唐代建筑家）、喻浩（？～989，北宋建筑大师）、李诫（？～1110，北宋建筑专家）、蒯祥（明代建筑大师）、贺盛瑞（明代建筑管理专家）、梁九（清代建筑大师）、样式雷（清代宫廷建筑匠师家族）、庄俊（1888～1988）、吕彦直（1894～1929）、刘敦桢（1897～1968）、赵深（1898～1978）、童寯（1900～1983）、梁思成（1901～1972）、杨廷宝（1901～1983）、陈植（1902～ ），他们理应都是值得在集邮品上出现的内容。我们希望下一个世纪，在介绍故宫、长城、颐和园、天安门等这些建筑杰作的同时，也能同时让人们知道其设计者是何人。

此外，我们还期望今后能有第二本、第三本建筑艺术邮票集问世，以便能够更深入更细致地反映中国和世界建筑业、建筑界、建筑科学技术、艺术的历史和未来的辉煌。也给予广大集邮界朋友更多的邮趣。这大概也是海内外邮友和建筑同行共同的心愿吧。

POSTSCRIPT

Readers are the best scale to measure the value of a book .When reading this *Selected stamps of world Architectural Art*, they will judge how they book realizes our original intention: by means of these rich and colorful stamps, to strengthen the understanding, exchange and friendship among world architects and philatelists, celebrate the grand '99 Congress of the Union Internationale des Architectes and that of the Union Postale Universelle to be held in Beijing, and make some contribution to promoting the prosperity of world architectural and philatelic culture.

Perhaps because this is the first collection of architectural stamps compiled in China, it is exceedingly strenuous and valuable. Many times I felt my ability not equal to my ambition and regretted having rashly accepted the kindest invitation of Profs. Zhu Xiangqing and Wang Boyang, leaders of the China Architecture and Building Press, which involved myself in the situation of "riding a tiger and finding it hard to get off. " To cover my shortage of rudimental philatelic knowledge, I often asked advice of the philatelist Prof. Chen Jie, and sought help from the Beijing Library and philatelic journals, from Mrs. Bai Yumei, Mr. Zhao Zikuan and Mrs. Zhu Yun of the China Architecture and Building Press, and from my friends engaged in translation of various languages ... To all of them I would like to extend my heartfelt gratitude. Especially Prof. Wu Liangyong, Vice-President of the Architectural Society of China, Chairman of the Science Committee, the 20th UIA Congress, and Academician of the Chinese Academy of Sciences and the Chinese Academy of Engineering, wrote his inscription to the book while fully engaged, affording us a great encouragement and enlightment, for which I tender my acknowledgement to him once again.

As this is a monothematic book dedicated to the '99 UIA Congress, we especially compiled in it the chapter "Architects Represented in Stamps," Which shows 68 architects of ancient, modern and present times, including outstanding Renaissance figures Michelangelo Buonarroti, Raffaello Sanzio and Leonardo da Vinci. Among them are three Asian architects: Liang Sicheng (1901—1972) of China, Mimar Koca Sinan (1489—1587) of Turkey and Arniko of Nepal. The stamps of architectural art and those representing architects issued in various countries demonstrate from one angle the past and current conditions of Chinese and foreign building industry, architectural circles, architectonics, building monuments and urban planning and construction. so they have certain value to artistic appreciation, collection and reference and play a part in the popularization of architectural culture, science and technology. If the book interests its readers, then the compilers' wish will have been realiged.

The *Encyclopedia of China* (1988) Contains the entries of 15 Chinese architects and a palace architect family:Lu Ban (Lu State, Spring and Autumn period), Yan Lide (?—656,architect of the Tang period), Yu Hao (?— 989, architect of the Northern Song period), Li Jie(?—1110,architect of the Ming period), Kuai Xiang (architect of the Ming period), He Shengrui (expert in construction management, Ming period), Liang Jiu (Architect of the Qing period), Designers Lei (Palace architect family, Qing period), Zhuang Jun (1888—1988), Lu Yanzhi (1894 —1929),Liu Dunzhen (1897—1968), Zhao shen (1878—1978), Tong Jun (1900—1983) , Liang Sicheng (1901—1972),Yang Tingbao (1901— 1983) and Chen Zhi(1902—). They are all worthy of representation in philatelic works. we hope that in the coming century, when the Palace Museum, Great Wall, Summer Palace, Tian An Men Square and other outs tanding buildings are interpreted, the audience may be informed who are their designers.

we are looking forward to a second and a third collections of stamps of architectural art which will deeper and more meticulously reflect the past and future splendor of Chinese and foreign building industry, architectural circles and architectural science, technology and art, and will bring more pleasure to philatelic circles. This must also be a common wish of our fellow philatelists and architects both at home and abroad.

Gu Mengchao
Wangxizhai Study,
Beijig
November 19th, 1998

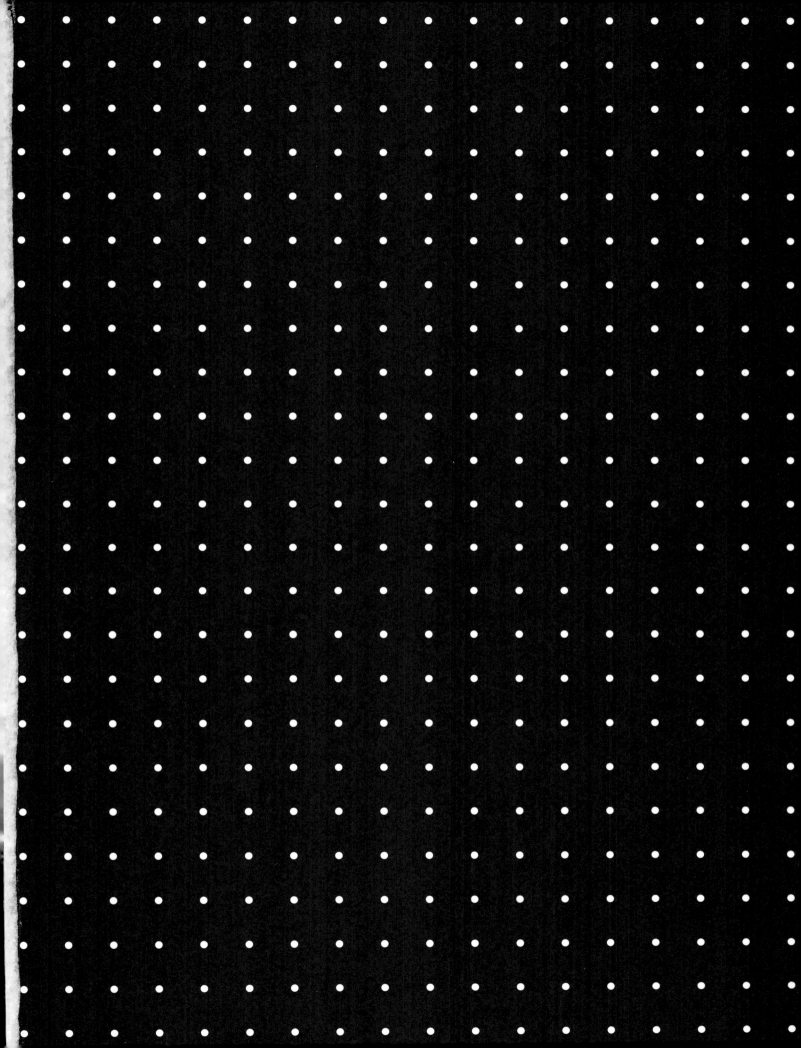

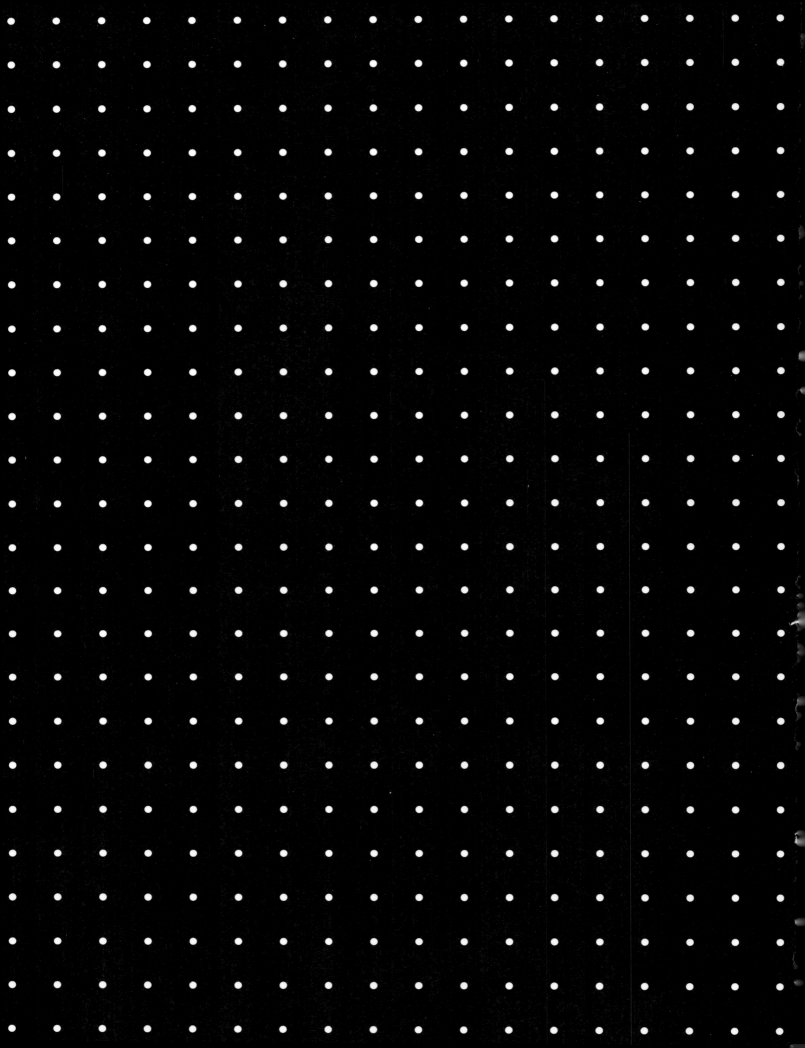